高等院校“十四五”经济管理类课程实验指导丛书

统计预测与决策实验教程

STATISTICAL FORECASTING AND DECISION-MAKING EXPERIMENT TUTORIALS

主　编◎斯　琴　巩红禹　王春枝
副主编◎于　扬　聂　霞　阿力夫

经济管理出版社
ECONOMY & MANAGEMENT PUBLISHING HOUSE

图书在版编目（CIP）数据

统计预测与决策实验教程/斯琴，巩红禹，王春枝主编．—北京：经济管理出版社，2020.12
ISBN 978-7-5096-6980-8

Ⅰ.①统… Ⅱ.①斯… ②巩… ③王… Ⅲ.①统计预测—实验—教材 ②统计决策理论—实验—教材
Ⅳ.①C8-33 ②O212.5-33

中国版本图书馆CIP数据核字（2020）第247328号

组稿编辑：王光艳
责任编辑：张玉珠
责任印制：黄章平
责任校对：董杉珊

出版发行：经济管理出版社
（北京市海淀区北蜂窝8号中雅大厦A座11层 100038）
网　　址：www.E-mp.com.cn
电　　话：（010）51915602
印　　刷：北京晨旭印刷厂
经　　销：新华书店
开　　本：787mm×1092mm/16
印　　张：10.75
字　　数：262千字
版　　次：2022年2月第1版　2022年2月第1次印刷
书　　号：ISBN 978-7-5096-6980-8
定　　价：58.00元

《经济管理方法类课程系列实验教材》编委会

总序

General order

随着各种定量分析方法在经济管理中的应用与发展，各高校均在经济管理类各专业培养计划的设置中增加了许多方法类课程，如统计学、计量经济学、时间序列分析、金融时间序列分析、SPSS 统计软件分析、多元统计分析、概率论与数理统计等。对于这些方法类课程，很多学生认为学起来比较吃力，由于数据量较大、计算结果准确率偏低，学生容易产生畏难情绪，这影响了他们进一步学习这些课程的兴趣。事实上，这些课程的理论教学和实验教学是不可分割的两个部分。其理论教学是对各种方法的逐步介绍，而仅通过理论教学无法对这些方法形成非常完整的概念，所以实验教学就肩负着引导学生实现理性的抽象向理性的具体飞跃，对知识意义进行科学的建构，对所学方法进行由此及彼、由表及里的把握与理解的任务。

通过借助于专业软件的实验教学，通过个人实验和分组实验，学生能够体验到认知的快乐、独立创造的快乐、参与合作的快乐等，从而提高学习兴趣。

此外，在信息时代，作为数据处理和分析技术的统计方法日益广泛地应用于自然科学和社会科学研究、生产和经营管理及日常生活中。国内很多企业开始注重数据的作用，并引入了专业软件作为定量分析工具，掌握这些软件的学生在应聘这些岗位时拥有明显的优势。学生走上工作岗位后，在日常工作中或多或少地会有处理统计数据的工作，面对海量的数据，仅凭一张纸和一支笔是无法在规定的时间内准确无误地完成工作的。我们经常会遇到学生毕业后回到学校向老师请教如何解决处理统计数据问题的情况，如果他们在学校里经过系统的实验培训与学习，这些问题将会迎刃而解。这也是本系列教材出版的初衷。

本系列教材力求体现以下特点：

第一，注重构建新的实验理念，拓宽知识面，内容尽可能新且贴近财经类院校的专业特色。

第二，注重理论与实践相结合，突出重点、详述过程、淡化难点、精炼结论，加强直观印象，立足学以致用。

感谢经济管理出版社的同志们，他们怀着极大的热情和愿望，经过反复论证，使这套系列教材得以出版。感谢参与教材编写的各位同仁，愿大家的辛勤耕耘收获累累硕果。

杜金柱

2021 年 11 月于呼和浩特

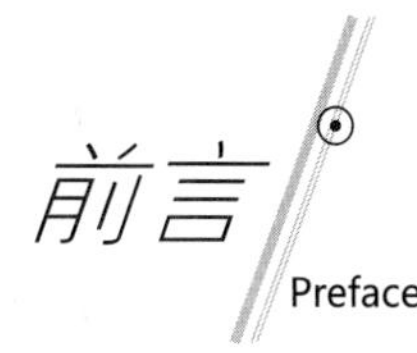

前言

随着科学技术的发展和进步，信息化时代的到来正在改变着传统的思维模式，国际先进理念和方法不断涌入，企业经营管理水平飞速提高，这一切变化对市场预测与管理决策的理论和方法提出了新的要求。特别是在新形势下，为迎接世界新技术革命的挑战，也为了减少或排除不确定性对经济、技术、自然、社会等活动的影响，统计预测与决策技术已被人们重视。所谓统计预测是指人们根据可获得的信息和数据，利用一定的科学方法和手段，对人类社会、政治、经济、科学技术等发展趋势做出科学推测，以指导未来的行动方向，减少其盲目性。决策是指对未来实践的方向、目标、原则和方法所做的决定，而决策学正是研究、探索和寻求做出正确决策的规律的科学。为了决策的正确性，就必须对事物的未来有所判断，因而统计预测和决策都是面向未来、对未来进行分析和研究的学科。统计预测是决策的基础，是进行科学决策的前提条件。统计预测与决策的质量和效果在很大程度上取决于进行预测与决策时所用的方法和技术。

统计预测与决策必须借助现代信息技术，将专业知识与多学科的研究方法有机结合，综合运用于实践。《统计预测与决策实验教程及案例》的教学目标就是要求学生进一步理解课程的内容与知识，掌握运用统计软件工具来解决经济管理中的实际问题。使学生能够在模拟实践的环境下，掌握应用技能，了解事物发展的规律，学会根据已有的信息，运用预测方法对事物发展的未来状况进行预测，从而根据决策准则进行科学决策。本教材实验案例的计算采用最常用且易学的统计分析软件，替代了复杂的数学推导公式和运算，从而使学生可以将主要精力放在理解预测和决策原理、正确选用预测与决策的方法和技术上。全书力求用实验案例贯穿始终，使学生更加容易理解市场调查和预测与决策方法的逻辑关系，并掌握实际管理的处理流程。这样既有利于提高教学质量，也有利于理论联系实际，最终使理论教学与实践教学良性互动，实现学生预测与决策技能的动态提升。这对于培养学生科学分析的思维、提高分析问题和解决实际问题的能力以及学生的未来发展起到了推动作用。这也是本教材的特点。

本教材在借鉴国内外预测与决策的先进理论与方法的基础上，全面地介绍了统计预测与决策科学的基本思想，通过实验案例，运用专业统计分析软件，直观地呈现预测与决策的基本内容。本教材共分为两部分，第 1 部分为预测，其内容包括定性预测、回归分析预测、时间序列平滑预测、生长曲线趋势外推预测、随机时间序列预测、协整理论及预测、马尔可夫预测、灰色预测。第 2 部分为决策，其内容包括不确定型决策方法、风险型决策方法、贝叶斯决策技术、多目标决策方法。

在案例教学实践的基础上，本教材共系统介绍了 12 个预测与决策的方法，充分考虑了学生的认知规律和学习特点，教程的每章都有相应的实验目的和实验要求，并增加了实验步骤、实验思考。通过详尽的实验案例演示与分析，让学生真正掌握从分析问题、选择数据处理工具到建立预测与决策模型、进行决策分析等一整套的方法与实验技术，进而提高学生分析问题、解决问题和利用计算机工具进行经济数据分析与管理决策建模的综合能力。

本教材由主编提出编写大纲后，由内蒙古财经大学统计与数学学院教师斯琴、王春枝、巩红禹、于扬共同执笔各章节初稿。具体分工如下：王春枝负责编写第1、2、4章；于扬负责编写第3、5、6章；斯琴负责编写第7、8、11章；巩红禹负责编写第9、10、12章；最后由斯琴、王春枝、巩红禹负责全书初稿修改、总纂和定稿。

本教材可作为管理类、经济类各专业本科生实验教材，也可用于研究生教学；同时，还可作为其他相关专业本科生、研究生的教材和教学参考书，也可供具有大学数学基础，从事管理工作的相关人员参考。

本教材在编写过程中参考并汲取了众多统计预测与决策理论专著、论文、教材等有益内容，在此一并表示诚挚的谢意。

由于时间和水平所限，本教材难免有不足与纰漏，请各位专家与学者不吝赐教。

编者

2021年11月于呼和浩特

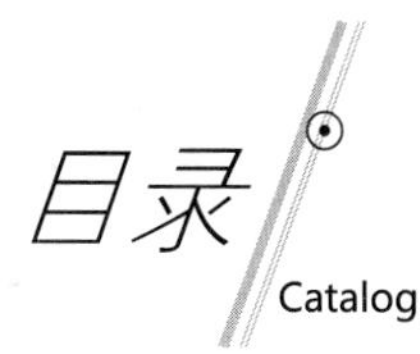

第1部分 预测

第2部分 决策

第1部分

预测

第 1 章　定性预测法

1.1　实验目的

（1）了解定性预测法的基本概念、基本原理。
（2）了解定性预测常见的方法。
（3）掌握德尔菲法的基本原理、实施步骤及实施过程中的注意事项。
（4）能够运用德尔菲法对数据进行处理。

1.2　实验原理

1.2.1　定性预测法基本概念

定性预测是以逻辑推理判断为主的预测方法，即预测者依靠业务知识、专家的经验与分析。根据历史资料，对事物的未来发展做出性质上和程度上的判断，并以此作为预测未来的主要依据。

1.2.2　定性预测的特点与定量预测

1.2.2.1　定性预测的特点

（1）对事物发展的性质进行预测，主要凭借预测人的经验及分析判断能力。
（2）对事物发展的趋势、方向和重大转折点进行预测。

1.2.2.2　定性预测与定量预测的关系

定量预测是以数学模型为主的预测方法；定性预测是以逻辑推理判断为主的预测方法。定性预测注重性质方面的预测，定量预测注重数量方面的预测，其较少受主观因素的影响。定性预测和定量预测并不是互斥的，而是相互渗透的，在实际预测过程中应把两者正确地结合起来使用，这样才会取得较好的预测效果。

1.2.3　定性预测主要方法

定性预测方法主要有德尔菲法、主观概率法、领先指标法、经理判断意见法、推销人员估计法、交叉影响法、情景预测法。

1.2.3.1 主观概率法

主观概率是人们根据某几次经验结果所做出主观判断的量度。其符合概率论基本原理，即：

$$0<P_i<1，其中 \sum P_i = 1(i = 1, 2, 3, \cdots, n)$$

需要注意的问题：第一，由于每个人的主观认识能力不同，对同一事件在同一条件下出现的概率，不同的人可能会给出不同的数值；第二，对于主观概率是否正确是无法核对的。

1.2.3.2 领先指标法

领先指标法就是将各种经济指标分为三种类型，即领先指标、同步指标、滞后指标。根据以上分类，可以通过领先指标以预测同步指标或滞后指标。其特点在于不但可以预测经济的发展趋势，还可以预测其转折点。

1.2.3.3 经理判别意见法

经理判断意见法就是由企业负责人把与市场有关或熟悉市场情况的各种负责人和中层管理部门的负责人召集起来，让他们对未来的市场发展形势或某一重大市场问题发表意见并做出判断。然后企业负责人汇总各种意见并进行分析研究、综合处理，最后得出市场预测结果。

1.2.3.4 推销人员估计法

推销人员估计法是把企业所有推销人员召集起来，对自己负责的销售片区的未来销售额做出估计，然后汇总，最后计算得到本企业未来销售额的预测值。

1.2.3.5 交叉影响法

交叉影响法，是从分析各个事件之间由于相互影响而引起的变化，以及变化发生的概率，以此来研究各个事件在未来发生的可能性的一种预测方法。

1.2.3.6 情景预测法

情景预测法是对将来的情景做出预测的一种方法。它把研究对象分为主题和环境，通过对环境的研究，识别影响主题发展的外部因素，模拟外部因素可能发生的多种交叉情景以预测主题发展的各种可能前景。

总体而言，定性预测是预测者依靠熟悉业务知识、具有丰富经验和综合分析能力的人员与专家，根据已掌握的历史资料和直观材料，运用个人的经验和分析判断能力，对事物的未来发展做出性质上和程度上的判断；然后再通过一定形式综合各方面的意见，以其作为预测未来的主要依据。

1.3　德尔菲法

1.3.1　德尔菲法（Delphi）基本概念

德尔菲法（Delphi）是美国兰德公司于 1964 年总结并提出来的一种几乎可以应用于任何领域的咨询决策技术，其核心是通过匿名方式进行几轮函询征求专家们的意见。预测、评价领导小组对每一轮的意见都进行汇总整理，作为参考资料再寄发给每位专家，供专家们分析判断，提出新的论证意见。经过多次反复，意见逐步趋于一致，得到一个比较一致且可靠性较高的结论或方案。它的实质是利用专家集体的知识和经验，对那些带有很大模糊性、比较复杂且无法直接进行定量分析的问题，通过选择一批专家多次填写征询意见表的调查形式，取得测定结论的方法。

1.3.2　德尔菲法（Delphi）的特点

1.3.2.1　匿名性

匿名是德尔菲法极其重要的特点，从事预测的专家们彼此互不知道有哪些人参加了预测，他们是在完全匿名的情况下交流意见的。

1.3.2.2　反馈性

小组成员的交流是通过回答组织者的问题来实现的。它一般要经过若干轮反馈才能完成预测。

1.3.2.3　收敛性

一般来说，德尔菲法在第一轮调查结束之后，专家的意见会相对比较分散，但经过几轮之后，分散的意见会逐渐收敛于一个相对一致的结果。

1.3.2.4　广泛性

采用通信函询方式，可在广泛范围内征询专家意见。

1.3.3　德尔菲法（Delphi）的优点与不足

1.3.3.1　德尔菲法的优点

（1）专家对问题有一定的时间准备，能够保证对问题的思考比较成熟，这种方法可以集各位专家之所长。

（2）在征求意见的几轮反复中，专家能了解不同的意见，在经过不同分析后提出的看法较为完善。

（3）征求过程中采用匿名方式，这有利于专家思考的独立性，不为少数权威意见左右。

（4）对专家意见的汇总整理，采用数理统计方法，使定性的调查有了定量的说明，所得出的结论更为科学。

1.3.3.2 德尔菲法的不足

（1）预测结果取决于专家对预测对象的主观看法，受专家学识、评价尺度、生理状态及兴趣程度等主观因素的制约。

（2）专家在日常工作中一般专业方向比较明确，容易在有限范围内进行习惯性思维，往往不具备了解全局所必需的思想方法。

（3）专家对问题的评价通常建立在直观的基础上，缺乏严格的考证，因此专家的预测结论往往不具备稳定性。

（4）专家对发展趋势的预测采用的是直观外推方法，对超乎现实的思想难以评判。

1.3.4 德尔菲法（Delphi）的运用范围

德尔菲法的应用具有广泛性，在下述领域中运用该方法的效果更佳：①缺乏足够的资料；②进行长远规划或大趋势预测；③影响预测事件的因素太多，难以筛选出少数关键变量，并且其他的影响因素又不可不加以考虑；④主观因素对预测事件的影响较大。

由于德尔菲法会对专家意见进行统计、分析和反馈，充分发挥了信息反馈和信息控制的作用，因此该方法已经在各个领域内得到了广泛的应用。

1.3.5 德尔菲法（Delphi）的预测程序

1.3.5.1 德尔菲法（Delphi）的基本程序

（1）提出要求，明确预测目标，用书面形式通知被选定的专家及相关人员。人员不宜过多，以 8~20 人为宜。

（2）专家接到通知后，根据自己的知识和经验，对该事物的未来发展趋势做出自己的预测，并说明其依据和理由，书面答复主持预测的单位。

（3）主持预测的单位或领导小组根据专家的预测意见加以归纳整理，并提出不同的预测值，分别说明预测值的依据和理由，然后再寄给各位专家，要求专家修改自己原有的预测，以及提出其他要求。

（4）专家等人第二次通知后，就各种预测意见及其依据和理由进行分析，再次进行预测，提出自己修改的预测意见及其理由。如此反复征询、归纳、修改，直到意见基本一致为止。修改的次数根据需要决定。

1.3.5.2 注意的问题

（1）参加的专家人数最好为 8~20 人。

（2）问题要集中，具有针对性，不宜过分分散，以便使各个事件构成一个有机整体。问题要按等级排队，先简单、后复杂，先综合、后局部，这样易于引起专家回答问题的兴趣。

(3) 在统计分析处理时，应分别对待不同的问题和不同的专家。

1.3.6　德尔菲法（Delphi）实验数据

某商业股份有限公司要从外地购进一批新产品，这种产品在本地还没有销售记录。于是，该公司成立调查领导小组，并聘请业务经理、商品专家和推销员等 9 人，预测全年可能的销售量。首先，对产品的样品、特点和用途进行详细介绍，其次，介绍将同类产品的价格和销售情况，发给书面意见书，让这些专家进行判断。经过 3 次反馈，得出结果如表 1-1 所示：

表 1-1　专家意见反馈　　单位：台

专家编号	第一次判断			第二次判断			第三次判断		
	最低销售量	最可能销售量	最高销售量	最低销售量	最可能销售量	最高销售量	最低销售量	最可能销售量	最高销售量
1	1000	1500	1800	1200	1500	1800	1100	1500	1800
2	400	900	1200	600	1000	1300	800	1000	1300
3	800	1200	1600	1000	1400	1600	1000	1400	1600
4	1500	1800	3000	1200	1500	3000	1000	1200	2500
5	200	400	700	400	800	1000	600	1000	1200
6	600	1000	1500	600	1000	1500	600	1200	1500
7	500	600	800	500	800	1000	800	1000	1200
8	500	600	1000	700	800	1200	700	800	1200
9	800	1000	1900	1000	1100	2000	600	800	1200
平均数	700	1000	1500	800	1100	1600	800	1100	1500

1.3.7　德尔菲法（Delphi）实验过程

(1) 如果按照 9 位专家第三次判断的平均值计算，则预测这个新产品的平均销量为：

$$\frac{800+1100+1500}{3}=1133\text{（台）}$$

(2) 将最可能销售量、最低销售量和最高销售量分别按 0.50、0.20、0.30 的概率加权平均，则预测平均销售量为：

$1100\times0.50+800\times0.20+1500\times0.30=1160$（台）

(3) 利用中位数计算，可将第三次判断按预测值高低排列如下：

最低销售量：600 台、700 台、800 台、1000 台、1100 台。

最可能销售量：800 台、1000 台、1200 台、1400 台、1500 台。

最高销售量：1200 台、1300 台、1500 台、1600 台、1800 台。

其中，中间项的计算公式为$\frac{2T+1}{2}$（n 为项数）。

最低销售量的中位数为第三项，即 800 台。

最可能销售量的中位数为第三项，即 1200 台。

最高销售量的中位数为第三项和第四项的平均数，即 1550 台。

将最可能销售量、最低销售量、最高销售量分别按 0.50、0.20、0.30 的概率加权平均。则预测平均销售量为：

$1200\times0.50+800\times0.2+1550\times0.30=1225$（台）

1.3.8 德尔菲法（Delphi）实验小结

选择使用平均数或中位数的原则是：如果数据分布的偏态比较大，一般使用中位数，以免受个别偏大或偏小的判断值的影响。

1.4 主观概率预测法

1.4.1 主观概率预测法

主观概率预测法是人们凭借经验或预感而估算出的概率。没有客观标准，只要符合概率的基本要求：

（1）$0\leqslant P\leqslant 1$。

（2）$\sum P=1$。

主观概率与客观概率不同，客观概率是根据事件发展的客观性统计出来的一种概率，是某事件出现的次数在重复多次同类试验的总次数中所占的比重。在很多情况下，人们没有办法计算事情发生的客观概率，因而只能用主观概率来描述事件发生的概率。

1.4.2 主观概率预测法步骤

步骤一，准备相关资料。

步骤二，编制主观概率调查表。

步骤三，汇总整理。

步骤四，判断预测。

1.4.3 主观概率预测法实验数据

某地产公司打算预测某区 2008 年的房产需求量，因此选取了 10 位调查人员进行主观概率法预测，要求预测误差不超过 67 套。调查汇总数据如表 1–2 所示：

表 1–2 概率及房产需求量预测

被调查人编号	累计概率								
	0.010（1）	0.125（2）	0.250（3）	0.375（4）	0.500（5）	0.625（6）	0.750（7）	0.875（8）	0.990（9）
	房产需求量（套）								
1	2111	2144	2156	2200	2222	2244	2267	2278	2311

续表

被调查人编号	累计概率								
	0. 010（1）	0. 125（2）	0. 250（3）	0. 375（4）	0. 500（5）	0. 625（6）	0. 750（7）	0. 875（8）	0. 990（9）
	房产需求量（套）								
2	1978	2100	2133	2156	2200	2222	2267	2278	2500
3	2044	2100	2133	2144	2244	2267	2289	2311	2444
4	2156	2167	2178	2189	2200	2211	2222	2233	2244
5	2200	2211	2222	2244	2278	2311	2333	2356	2400

1.4.4　主观概率预测法实验步骤

（1）综合考虑每一个调查人的预测，在每个累计概率上取平均值，得到在此累计概率下的预测需求量。由表 1-2 可以得出该地产公司对 2008 年需求量预测最低可到 2083 套，小于这个数值的可能性只有 1%。

（2）该集团公司 2008 年的房产最高需求量可到 2349 套，大于这个数值的可能性只有 1%。

（3）可以用 2213 套作为 2008 年该地产公司对该区房产需求量的预测值。这是最大值与最小值之间的中间值。其累计概率为 50%，是需求量期望值的估计数。

（4）取预测误差为 67 套，则预测区间为：（2213-67）～（2213+67），即商品销售额的预测值在 2146～2280 套。

（5）当预测需求量在 2146～2280 套，即在第（3）栏至第（8）栏的范围之内，其发生概率相当于 0. 875 - 0. 250 = 0. 625，也就是说，需求量在 2146 ~ 2280 套的可能性为 62. 5%。

1.5　实验小结

应用德尔菲法时应该关注专家的权威性、专家意见的集中程度、专家对所研究问题的熟悉程度，如果在征询意见时让专家对这三个方面进行自我评价，那么在数据处理时，可据此对专家打分进行加权处理。

应用主观概率预测法时，应该注意主观概率调查表的编制，保证预测的可靠性。

1.6　练习实验

【实验 1】某时装公司设计了一种新式女装，聘请了三位最有经验的时装销售人员来参加试销和时装表演活动，预测结果如下：

甲：最高销售量是80万件，概率为0.3；最可能销售量是70万件，概率为0.5；最低销售量是60万件，概率为0.2。

乙：最高销售量是75万件，概率为0.2。最可能销售量是64万件，概率为0.6；最低销售量是55万件，概率为0.2。

丙：最高销售量是85万件，概率为0.1；最可能销售量是70万件，概率为0.7；最低销售量是60万件，概率为0.2。

试估计该种女装的销售量。

【实验2】某笔记本电脑公司经理召集主管销售、财务、计划和生产等部门的负责人，对下一年度某型号笔记本的销售前景进行估计。几个部门负责人的初步判断如表1-3所示。请估计下一年度的销售额。

表1-3　对其型号笔记本销售量的估计

部门	各种销售量估计	销售量（台）	概率	期望值（台）（销售量×概率）
销售部门负责人	最高销售量	18600	0.1	1860
	最可能销售量	11160	0.7	7812
	最低销售量	9920	0.2	1984
	总期望值	—	1	11656
计划、财务部门负责人	最高销售量	12400	0.1	1240
	最可能销售量	11160	0.8	8928
	最低销售量	9300	0.1	930
	总期望值	—	1	11098
生产部门负责人	最高销售量	12400	0.3	3720
	最可能销售量	10540	0.6	6324
	最低销售量	7440	0.1	744
	总期望值	—	1	10788

【实验3】某公司有三个推销人员，他们对自己负责的销售区下一年度的销售额估计如表1-4所示，请估计下一年度的销售额。

表1-4　销售额估计

推销员	各种销售额估计（万元）		概率	期望值（万元）
甲	最高销售额	2000	0.2	400
	最可能销售额	1600	0.5	800
	最低销售额	1200	0.3	360
	总期望值	—	1.0	1560

续表

推销员	各种销售额估计（万元）		概率	期望值（万元）
乙	最高销售额	1500	0.3	450
	最可能销售额	1400	0.6	840
	最低销售额	1200	0.1	120
	总期望值	—	1.0	1410
丙	最高销售额	1500	0.3	450
	最可能销售额	1300	0.6	780
	最低销售额	1100	0.1	110
	总期望值	—	1.0	1340

第 2 章　回归分析预测

2.1　实验目的

（1）对感兴趣的经济问题（如预测我国 2011 年人均消费情况）及其影响因素收集样本资料。

（2）建立理论回归模型，将非线性回归转化为线性回归。

（3）利用 EViews 软件估计模型参数并进行精度检验。

（4）利用 Excel 软件求出样本矩阵的逆。

（5）在给定自变量的情况下预测出因变量所在的区间。

2.2　实验原理

2.2.1　一元线性回归分析预测

一元线性回归预测法是指分析只有一个自变量线性相关关系的方法，即一元线性回归模型，然后根据自变量的变化，来预测因变量变化的方法。

2.2.1.1　建立模型

一元线性回归模型可表述为：

$$y_i = \beta_0 + \beta_1 x_i + u_i \tag{2-1}$$

式（2-1）中，β_0、β_1是未知参数；u_i为剩余残差项或随机扰动项，引进随机扰动项 u 是为了包括对因变量 y_i有影响的其他因素。

一元线性回归模型 $y_i=\beta_0+\beta_1 x_i+u_i$的假定如下：

假定 1 在给定 x_i的条件下，u_i的条件均值为零，即 $E(u_i \mid x_i)=0$。

假定 2 在给定任意 x_i、x_j的条件下，u_i、u_j不相关，即 $cov(u_i, u_j)=0$。

假定 3 对于每一个 x_i，u_i的条件方差是一个等于σ^2的常数。即，$var(\mu_i \mid x_i)=\sigma^2$。

假定 4 在给定 x_i的条件下，x_i和 u_i不相关，即 $Cov(u_i, x_i)=0$。

满足以上四个假定的线性回归模型称为古典线性回归模型。所谓“古典”是作为一种标准或规范来使用的，凡是不满足以上假定的回归模型，就不是“古典”回归模型。

在前述假定下，采用最小二乘法得到回归参数的估计值，按照高斯—马尔可夫定理（Gauss-Markov Theorem）的意义来说，是“最优的”。

假定 5 对于每一个 u_i 都服从于均值为零、方差为 σ^2 的正态分布，即 $u_i \sim N(0, \sigma^2)$。

满足以上五个假定的线性回归模型称为古典正态线性回归模型。

2.2.1.2　估计参数

建立一元线性回归预测模型：

$$\hat{y}_i = \beta_0 + \beta_1 x_i \tag{2-2}$$

一个好的估计量应满足一致性、无偏性和有效性的要求。

2.2.1.2.1　最小二乘原理

利用样本回归函数估计总体回归函数，是根据给定的包含 n 组（x_i，y_t）的样本，建立样本回归函数，使估计值 $\hat{y}_i$ 尽可能接近观测值 y_i。最小二乘原理就是使样本总的误差平方和达到最小，并确定模型中的参数，建立样本回归函数。

2.2.1.2.2　最小二乘估计量

由 $e_i = y_i - \hat{y}_i = y_i - \hat{\beta}_0 - \hat{\beta}_1 x_i$，可得：

$$\sum e_i^2 = \sum (y_i - \hat{\beta}_0 - \hat{\beta}_1 x_i)^2 \tag{2-3}$$

对于给定的样本，$\sum e_i^2$ 的大小取决于 $\hat{\beta}_0$ 和 $\hat{\beta}_1$ 的大小，即 $\sum e_i^2$ 是 $\hat{\beta}_0$ 和 $\hat{\beta}_1$ 的函数。按照最小二乘原理，要求所选定的 $\hat{\beta}_0$ 和 $\hat{\beta}_1$ 应使 $\sum e_i^2$ 最小，要做到这一点，可以借助微积分中求极值的方法，用 $\sum e_i^2$ 分别对 $\hat{\beta}_0$ 和 $\hat{\beta}_1$ 求偏导数，并令其为零，满足该条件的 $\hat{\beta}_0$ 和 $\hat{\beta}_1$ 可以使 $\sum e_i^2$ 最小。即：

$$\begin{cases} \dfrac{\partial \sum e_i^2}{\partial \hat{\beta}_0} = 0 \\ \dfrac{\partial \sum e_i^2}{\partial \hat{\beta}_1} = 0 \end{cases}$$

可得到：

$$\begin{cases} \sum (y_i - \hat{\beta}_0 - \hat{\beta}_1 x_i) = 0 \\ \sum (y_i - \hat{\beta}_0 - \hat{\beta}_1 x_i) x_i = 0 \end{cases} \tag{2-4}$$

整理后得：

$$\begin{cases} \sum y_i = n\hat{\beta}_0 + \hat{\beta}_1 \sum x_i \\ \sum x_i y_i = \hat{\beta}_0 \sum x_i + \hat{\beta}_1 \sum x_i^2 \end{cases} \tag{2-5}$$

求解得：

$$\hat{\beta}_1 = \frac{n\sum x_i y_i - \sum x_i \sum y_i}{n\sum x_i^2 - (\sum x_i)^2} \tag{2-6}$$

$$\hat{\beta}_0 = \frac{\sum y_i}{n} - \hat{\beta}_1 \frac{\sum x_i}{n} \tag{2-7}$$

令 $\bar{x} = \frac{\sum x_i}{n}$，$\bar{y} = \frac{\sum y_i}{n}$

$$\hat{\beta}_1 = \frac{\sum (x_i - \bar{x}_i)(y_i - \bar{y})}{\sum (x_i - \bar{x})^2} \tag{2-8}$$

$$\hat{\beta}_0 = \bar{y} - \hat{\beta}_1 \bar{x} \tag{2-9}$$

$$\hat{\beta}_1 = \frac{\sum (x - \bar{x})(y_i - \bar{y})}{\sum x_i^{\ 2}} \tag{2-10}$$

以上 $\hat{\beta}_0$ 和 $\hat{\beta}_1$ 是根据最小二乘原理求得的，故称为普通最小二乘估计量。所以，运用最小二乘法进行参数估计，得到的表达式为：

$$\begin{cases} \beta_1 = \dfrac{\sum (x - \bar{x})(y - \bar{y})}{\sum (x - \bar{x})^2} & (2\text{-}11) \\ \beta_0 = \bar{y} - \beta_1 \bar{x} & (2\text{-}12) \end{cases}$$

2.2.1.3 模型检验

2.2.1.3.1 标准误差

标准误差是估计值与因变量值之间的平均平方误差。其计算公式为：

$$SE = \sqrt{\frac{\sum (y - \hat{y})^2}{n - 2}} \tag{2-13}$$

2.2.1.3.2 可决系数

可决系数是衡量因变量与自变量拟合程度的指标，表示自变量解释因变量变动的百分比。其计算公式为：

$$R^2 = \left[\frac{\sum (x - \bar{x})(y - \bar{y})}{\sqrt{\sum (x - \bar{x})^2}\sqrt{\sum (y - \bar{y})^2}}\right]^2 = 1 - \frac{\sum (y - \hat{y})^2}{\sum (y - \bar{y})^2} \tag{2-14}$$

可见，可决系数取值于 0 与 1 之间，并取决于回归模型所解释的 y 方差的百分比。

2.2.1.3.3 相关系数

相关分析是研究两个或两个以上处于同等地位的随机变量间的相关关系的统计分析方法。其计算公式为：

$$r = \frac{\sum (x - \bar{x})(y - \bar{y})}{\sqrt{\sum (x - \bar{x})^2}\sqrt{\sum (y - \bar{y})^2}} \tag{2-15}$$

由公式可见，可决系数是相关系数的平方。相关系数越接近+1 或−1，因变量与自变量的拟合程度就越好，相关系数与可决系数的主要区别：相关系数测定变量之间的密切程度，可决系数测定自变量对因变量的解释程度。相关系数有正负，可决系数只能为正。正相关系数意味着因变量与自变量以相同的方向增减。如果在平行直角坐标系中是向右上方倾斜的直线，则相关系数为正；如果是向右下方倾斜的直线，则相关系数为负。

2.2.1.3.4　回归系数的显著性检验

在求出回归系数后，需要进行回归系数的显著性检验，其检验如下：

H_0：$B_1=0$；H_1：$B_1\neq 0$。

所用统计量是 t_0 在 H_0 成立条件下，有：

$$t_b = \frac{b}{S_b} \tag{2-16}$$

其中，$S_b = SE/\sqrt{\sum (x-\bar{x})^2}$，t 服从自由度为（n−2）的 t 分布，取显著性水平为 α，如果 $|t_b| > t_\alpha$，则回归系数显著。

2.2.1.3.5　回归模型的显著性检验

回归模型的显著性检验如下：

H_0：回归方程不显著；

H_1：回归方程显著。

其检验统计量为 F：

$$F = \frac{\sum (\hat{y}-\bar{y})^2/1}{\sum (y-\hat{y})^2/(n-2)} \tag{2-17}$$

F 服从 F（1，n−2）分布，取显著性水平为 α，如果 $F> F_\alpha(1, n-2)$，则表明回归模型显著；如果 $F< F_\alpha(1, n-2)$，则表明回归模型不显著，回归模型不能用于预测。

2.2.1.3.6　杜宾−沃特森检验法

2.2.1.3.6.1　适用条件

杜宾−沃特森检验，简称 DW 检验，是 J. Durbin 和 G. S. Watson 于 1950 年、1951 年提出的。DW 检验是目前检验序列相关性最为常用的方法，但它只适用于检验随机误差项具有一阶自回归形式的序列相关问题。在使用该方法之前，必须注意该方法的适用条件：①回归模型含有截距项，即截距项不为零；②解释变量 x 是非随机的；③随机误差项 u_t 为一阶自相关，即 $u_t=\rho u_{t-1}+\varepsilon_t$；因变量的滞后项 y_{t-1}，y_{t-2}，…不能在回归模型中做解释变量，其中，y_{t-1} 为 y_t 的滞后一期变量；⑤无缺失数据。当上述条件得到满足时，我们可以利用 DW 方法检验序列相关问题。

2.2.1.3.6.2　检验过程

DW 检验步骤如下，给出假设，H_0：$\rho=0$（不存在序列相关）；H_1：$\rho\neq 0$（存在序列相关）。

为了检验上述假设，构造 DW 检验统计量首先要求出回归估计式的残差 e_t，定义 DW 统计量为：

$$DW = \frac{\sum_{i=2}^{n} (u_i - u_i - 1)^2}{\sum_{i=1}^{n} u_i^2} \tag{2-18}$$

根据式（2-18）计算的 DW 值，与杜宾-沃特森给出的不同显著性水平 α 的 DW 值的上限与下限 d_U 和 d_L（它们与样本容量 n 和自变量个数 m 有关）进行比较，DW 的取值域在［0，4］。

式（2-18）可近似表示为：

$$DW \approx 2(1 - \hat{\rho}) \tag{2-19}$$

因为自相关系数 ρ 的取值范围是［-1，1］，所以 DW 统计量的取值范围是［0，4］，DW 值与 ρ 的对应关系如表 2-1 所示。

表 2-1　DW 值与 ρ 的对应关系

$\hat{\rho}$	DW	随机误差项的序列相关性
-1	4	完全负序列相关
（-1，0）	（2，4）	负序列相关
0	2	无序列相关
（0，1）	（0，2）	正序列相关
1	0	完全正序列相关

首先，DW≤2 时，DW 检验法规定：①如果 $DW<d_L$，认为 u_i 存在正自相关；②如果 $DW>d_U$，认为 u_i 无自相关；③如果 $d_L<DW<d_U$，不能确定 u_i 是否有自相关。

其次，DW>2 时，DW 检验法则规定：①如果 $4-d_L<DW$，认为 u_i 存在负自相关；②如果 $4-d_U>DW$，认为 u_i 无自相关；③如果 $4-d_U<DW<4-d_L$，不能确定 u_i 是否有自相关。

上述判别规则可用图 2-1 来表示：

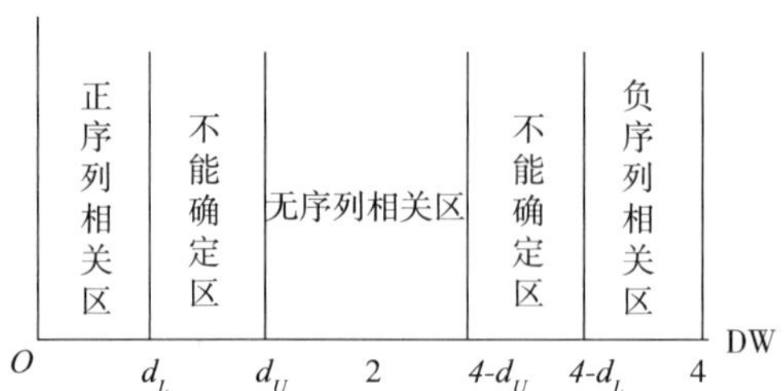

图 2-1　DW 统计量的取值范围示意图

2.2.1.4　利用模型进行预测

建立回归模型的主要目的之一是根据自变量的变化来预测或估计因变量的变动情况。具体的估计形式可分为点估计和区间估计两种。

2.2.1.4.1　点估计

这种方法比较简单，只要将给定的自变量值代入所建立的一元线性回归模型，便可得到因变量的一个对应的估计值。

2.2.1.4.2　区间估计

在估计中，有时需要给出精确度，这就要用到在一定概率保证程度下的区间估计方法。

（1）如果要估计的是因变量的平均水平 μ_y ，则所估计的区间称为置信区间。

大样本：置信区间 = $\hat{y} \pm z_{\frac{\alpha}{2}} SE_{\hat{u}}$ ；

小样本：置信区间 = $\hat{y} \pm t_{\frac{\alpha}{2}} SE_{\hat{u}}$ 。

（2）如果估计的是因变量的平均水平 μ_y ，则所估计的区间称为预测区间。

大样本：置信区间 = $\hat{y} \pm z_{\frac{\alpha}{2}} SE_{\hat{y}}$ ；

小样本：置信区间 = $\hat{y} \pm t_{\frac{\alpha}{2}} SE_{\hat{y}}$ 。

其中，$SE_{\hat{u}} = SE\sqrt{\frac{1}{n} + \frac{(x_0 - \bar{x})^2}{\sum (x_i - \bar{x})^2}}$ ，$SE_{\hat{y}} = SE\sqrt{1 + \frac{1}{n} + \frac{(x_0 - \bar{x})^2}{\sum (x_i - \bar{x})^2}}$ ，x_0为用于预测 y 的 x 值，$t_{\frac{\alpha}{2}}$ 是置信度为（1−α）、自由度为（n−2）t 分布的临界值。

2.2.2　多元线性回归预测

以上讨论了两个变量因素之间的回归预测问题。然而，客观事物的变化往往受多种因素的影响，即使其中一个因素起着主导作用，但有时其他因素的作用也是不容忽视的。在实际问题中，大多数影响自变量的因素不是一个，而是多个。本书把包括两个或两个以上自变量的回归称为多元回归。

2.2.2.1　建立模型

二元线性回归模型如下：

$$y_i = \beta_0 + \beta_1 x_1 + \beta_2 x_2 + u_i \tag{2-20}$$

与一元线性回归模型相同，多元线性回归模型利用普通最小二乘法（OLS）对参数进行估计时，有如下假定条件：

假定 1，$E(u_i) = 0$，$i = 1, 2, \cdots, n$ ，即：

$$E(u) = E\begin{pmatrix} u_1 \\ u_2 \\ \vdots \\ u_n \end{pmatrix} = \begin{pmatrix} E(u_1) \\ E(u_2) \\ \vdots \\ E(u_n) \end{pmatrix} = 0 \tag{2-21}$$

假定 2，同方差假定：

$$var(u_i) = E(u_i^2) = \sigma^2,\ (i = 1, 2, \cdots, n)$$

假定 3，无自相关性：

$$cov(u_i, u_j) = E(u_i u_j) = 0,\ (i \neq j,\ i, j = 1, 2, \cdots, n)$$

$$E(uu') = E\begin{pmatrix} u_1^2 & u_1u_2 & \cdots & u_1u_n \\ u_2u_1 & u_2^2 & \cdots & u_2u_n \\ \vdots & \vdots & \vdots & \vdots \\ u_nu_1 & u_nu_2 & \cdots & u_n^2 \end{pmatrix}$$

$$= \begin{pmatrix} E(u_1^2) & E(u_1u_2) & \cdots & E(u_1u_n) \\ E(u_2u_1) & E(u_2^2) & \cdots & E(u_2u_n) \\ \vdots & \vdots & \vdots & \vdots \\ E(u_nu_1) & E(u_nu_2) & \cdots & E(u_n^2) \end{pmatrix} \quad (2-22)$$

$$= \begin{pmatrix} \sigma_u^2 & 0 & \cdots & 0 \\ 0 & \sigma_u^2 & \cdots & 0 \\ \vdots & \vdots & \vdots & \vdots \\ 0 & 0 & \cdots & \sigma_u^2 \end{pmatrix} = \sigma_u^2 I_n$$

假定 4，随机误差项 u 与解释变量 x 不相关（这个假定自动成立）：

$$cov(x_{ji},\ u_i) = 0,\ (j = 1,\ 2,\ \cdots,\ k,\ i = 1,\ 2,\ \cdots,\ n)$$

假定 5，随机误差项 u 服从均值为零，方差为 σ^2 的正态分布：

$$u_i \sim N(0,\ \sigma_u^2 I_n)$$

假定 6，解释变量之间不存在多重共线性：

$$rank(X) = k + 1 \leqslant n$$

即各解释变量的样本观测值之间线性无关，解释变量的样本观测值矩阵 X 的秩为参数个数（k+1），从而保证参数 β_0，β_1，β_2，…，β_k 的估计值唯一。

2.2.2.2 拟合优度

用于度量简单回归模型中的精确性指标，同样也适用于多元回归。

2.2.2.2.1 标准误差

对 y 值与模型估计值之间的离差的一种度量，它是计算置信区间估计值和其他拟合优度的基础指标。其计算公式如下：

$$SE = \sqrt{\frac{\sum (y - \hat{y})^2}{n - 3}} \quad (2-23)$$

2.2.2.2.2 可决系数

$$R^2 = \left[\frac{\sum (x - \bar{x})(y - \bar{y})}{\sqrt{\sum (x - \bar{x})^2}\sqrt{\sum (y - \bar{y})^2}}\right]^2$$

$$= 1 - \frac{\sum (y - \hat{y})^2}{\sum (y - \bar{y})^2} \quad (2-24)$$

当 $R^2 = 0$ 时，意味着回归模型没有对 y 的变化做出任何解释；当 $R^2 = 1$ 时，意味着回归模型对 y 的全部变化做出解释。

2.2.2.2.3　相关系数

对于多元回归可决系数而言，多元相关系数似乎是多余的，它并不提供任何新的信息，只是可决系数的平方根。

2.2.2.3　自相关和多重共线性问题

2.2.2.3.1　自相关检验

自相关是多元回归和简单回归所共同面临的问题。正如简单回归的情况一样，可用杜宾—沃特森统计量作为一种检验指标：

$$DW = \frac{\sum_{i=2}^{n} (u_i - u_{i-1})^2}{\sum_{i=1}^{n} u_i^2} \tag{2-25}$$

其中，$u_i = y_i - \hat{y}_i$。

如果发现了自相关问题，通常是通过对所有的原始数据进行差分来消除它；然后用这些变量代替原始变量，再进行多元回归分析。

2.2.2.3.2　多重共线性检验

多重共线性是多元回归中经常出现的问题，简单回归不存在此问题。由于各个自变量所提供的是各个不同因素的信息，因此假定各自变量同其他自变量之间是无关的。但是实际上两个自变量之间可能存在相关关系，这种关系会导致建立错误的回归模型以及得出错误的结论。为了避免这个问题，有必要对自变量之间的相关与否进行检验。

两个自变量之间的相关关系测量公式如下：

$$r_{x_1, x_2} = \frac{\sum (x_1 - \bar{x}_1)(x_2 - \bar{x}_2)}{\sqrt{\sum (x_1 - \bar{x}_1)^2} \sqrt{\sum (x_2 - \bar{x}_2)^2}} \tag{2-26}$$

经验法则认为相关系数的绝对值小于 0.75，或者是小于 0.5，那么这两个自变量之间不存在多重共线性问题。若某两个自变量之间高度相关，就有必要把其中的一个自变量从模型中删去。

2.2.3　非线性回归预测法

选配曲线通常分为以下两个步骤：第一步，确定变量间函数的类型。第二步，确定相关函数中的未知参数，

一些常见的函数图形如下：

（1）抛物线函数 $y = a + bx + cx^2$。

（2）对数函数 $y = a + b\ln x$。

（3）S 型函数 $y = \frac{1}{a + be^{-x}}$。

（4）幂函数 $y = ax^b$。

（5）指数函数 $y = ae^{bx}$。

应用回归分析预测时应注意：用定性分析判断现象之间的依存关系；避免回归预测的

任意外推；应用合适的数据资料。

2.2.4 带虚拟自变量回归分析预测

2.2.4.1 虚拟变量

2.2.4.1.1 基本概念

（1）定量因素：可直接测度、数值性的因素。

（2）定性因素：属性因素，表征某种属性存在与否的非数值性的因素。

（3）基本思想：直接在回归模型中加入定性因素存在诸多的困难，是否可将这些定性因素进行量化，以达到定性因素能与定量因素有相同作用的目的。

2.2.4.1.2 虚拟变量设置规则

虚拟变量的设置规则涉及三个方面：

（1）“0”和“1”选取原则：从理论上讲，虚拟变量取“0”通常代表比较的基础类型；虚拟变量取“1”通常代表被比较的类型。

（2）属性（状态、水平）因素与设置虚拟变量数量的关系：若定性因素具有 m 个（m ≥ 2）相互排斥属性（或几个水平），当回归模型有截距项时，只能引入（m−1）个虚拟变量；当回归模型无截距项时，则可引入 m 个虚拟变量；否则，就会陷入“虚拟变量陷阱”。

（3）虚拟变量在回归分析中的角色以及作用等方面的问题：虚拟变量既可作为被解释变量，也可作为解释变量。

2.2.4.2 含有一个虚拟变量的线性回归模型

线性回归模型假定参数向量β不随样本观察的不同而改变。如果参数β随着样本观察而改变，那么常用的最小二乘估计量或一般化的最小二乘估计量就失去了其良好的性质。

考虑线性统计模型：

$$y_t = \beta_0 + \beta_1 x_{i1} + \cdots + \beta_k x_{ik} + u_i \quad i=1,\ 2,\ \cdots,\ T \tag{2-27}$$

式（2-27）中，$u_i \sim N(0,\ \sigma^2)$。如果β_k对于不同的观测数值是固定不变的，那么最好的无偏估计量是最小二乘估计量和最大似然估计量。但是，如果一部分或所有参数随着不同的观测数值而改变，那么以上这些方法便不再适用。如果能够把观测数值按顺序分成两部分，一部分包括 $i=1,\ 2,\ \cdots,\ T_1$，另一部分包括 $i=T_1+1,\ T_1+2,\ \cdots,\ T$，两部分有不同的参数结构，那么就可以测定拟变量来解决该问题：

$$D_i = \begin{cases} 0,\ i=1,\ 2,\ \cdots,\ T \\ 1,\ i=T_1+1,\ T_1+2,\ \cdots,\ T \end{cases} \tag{2-28}$$

2.2.4.3 三种可变参数类型

2.2.4.3.1 截距参数不同

$$y_i = (\beta_0 + \delta_0 D_i) + \beta_1 x_{i1} + \cdots + \beta_k x_{ik} + u_i,\quad i=1,\ 2,\ \cdots,\ T \tag{2-29}$$

式（2-29）中，y_i为因变量，x_{ij}为自变量，D_i为虚拟变量，设i_0为观测值出现重大变异的年份，则 D_i 的取值为：

$$D_i = \begin{cases} 0, & i < i_0 \\ 1, & i \geqslant i_0 \end{cases}$$

$(\beta_0 + \delta_0 D_i)$ 表示了截距参数在两个子样本间是不同的，其中第一部分的截距参数为 β_0，而第二部分的截距参数为 $\beta_0 + \delta_0$。

这种类型主要反映政府政策变化或某种因素发生重大变异的跳跃、间断式模型。

2.2.4.3.2　截距和部分斜率参数不同

$$y_i = (\beta_0 + \delta_0 D_i) + (\beta_1 + \delta_1 D_i) x_1 + \cdots + (\beta_{p+1} + \delta_{p+1} D_i) x_{ip+1} + \beta_{p+2} x_{ip+2} + \cdots + \beta_k x_{ik} + u_i \quad i=1, 2, \cdots, T \tag{2-30}$$

式（2-30）中，δ_0 是截距参数在第二个子样本中的增量，δ_1，…，δ_{p+1} 是斜率参数在第二个子样本中的增量。

2.2.4.3.3　截距和所有斜率参数不同

所有的参数都不同，此时虚变量模型为：

$$y_i = (\beta_0 + \delta_0 D_i) + (\beta_1 + \delta_1 D_i) x_{i1} + \cdots + (\beta_k \delta_k D_i) x_{ik} + u_i, \quad i=1, 2, \cdots \tag{2-31}$$

2.2.4.4　含有多个虚拟变量的线性回归模型的建模步骤

（1）确定变量个数。

（2）建立含有多个虚拟变量的线性回归模型。

2.2.5　0-1 因变量回归分析预测

2.2.5.1　Logistic 回归模型简介

经典的线性回归模型在定量分析实际研究中是最流行的统计分析方法，但是，当因变量是一个分类变量而不是联系变量时，线性回归就不再适用了。这是因为线性回归模型没有对自变量的测度加以限制，但是因变量必须是连续的。如果因变量只取二分类，则严重违反了连续测量的假设。此时，如果按照线性概率模型的估计和预测就存在严重问题。

由于线性概率模型和常规最小二乘法的不适用，在分析分类变量时，通常采用对数线性模型。Logistic 回归模型是对数线性回归模型的一种特殊形式。

2.2.5.2　Logistic 回归模型设定

假设存在连续的反应变量 y_i^* 代表事件发生的可能性，其值域为 $y_i^* \in (-\infty, +\infty)$。定义如下映射：

$$y_i^* = \begin{cases} 1, & y_i^* \in (0, +\infty) \\ 0, & y_i^* \in (-\infty, 0) \end{cases} \tag{2-32}$$

式（2-32）中，y_i 为实际观察到的反应变量。$y_i=1$ 表示事件发生，$y_i=0$ 表示事件未发生。

2.3 多元线性回归模型预测实验

2.3.1 实验数据

改革开放以来，随着经济体制改革的深化和经济的快速增长，中国的财政收支状况发生了很大变化，中央和地方的税收收入 1978 年为 519.28 亿元，到 2011 年已增长到 89738.39 亿元，是 1978 年的 172.81 倍。为了研究影响中国税收收入增长的主要原因，分析中央和地方税收收入增长的数量规律，预测中国税收未来的增长趋势，需要建立计量经济模型，经济模型所需数据如表 2-2 所示。

表 2-2 中国税收收入及相关数据

年份	税收收入（Y）（亿元）	国内生产总值（X2）（亿元）	财政支出（X3）（亿元）	商品零售价格指数（X4）（%）
1978	519.28	3645.20	1122.09	100.70
1979	537.82	4062.60	1281.79	102.00
1980	571.70	4545.60	1228.83	106.00
1981	629.89	4891.60	1138.41	102.40
1982	700.02	5323.40	1229.98	101.90
1983	775.59	5962.70	1409.52	101.50
1984	947.35	7208.10	1701.02	102.80
1985	2040.79	9016.00	2004.25	108.80
1986	2090.73	10275.20	2204.91	106.00
1987	2140.36	12058.60	2262.18	107.30
1988	2390.47	15042.80	2491.21	118.50
1989	2727.40	16992.30	2823.78	117.80
1990	2821.86	18667.80	3083.59	102.10
1991	2990.17	21781.50	3386.62	102.90
1992	3296.91	26923.50	3742.20	105.40
1993	4255.30	35333.90	4642.30	113.20
1994	5126.88	48197.90	5792.62	121.70
1995	6038.04	60793.70	6823.72	114.80
1996	6909.82	71176.60	7937.55	106.10
1997	8234.04	78973.00	9233.56	100.80
1998	9262.80	84402.30	10798.18	97.40
1999	10682.58	89677.10	13187.67	97.00
2000	12581.51	99214.60	15886.50	98.50
2001	15301.38	109655.20	18902.58	99.20

续表

年份	税收收入（Y）（亿元）	国内生产总值（X2）（亿元）	财政支出（X3）（亿元）	商品零售价格指数（X4）（%）
2002	17636. 45	120332. 70	22053. 15	98. 70
2003	20017. 31	135822. 80	24649. 95	99. 90
2004	24165. 68	159878. 30	28486. 89	102. 80
2005	28778. 54	184937. 40	33930. 28	100. 80
2006	34804. 35	216314. 40	40422. 73	101. 00
2007	45621. 97	265810. 30	49781. 35	103. 80
2008	54223. 79	314045. 40	62592. 66	105. 90
2009	59521. 59	340902. 80	76299. 93	98. 80
2010	73210. 79	401512. 80	89874. 16	103. 10
2011	89738. 39	472881. 60	109247. 79	104. 90

资源来源：《中国统计年鉴》（2012）。

2. 3. 2　实验步骤

2. 3. 2. 1　EViews **安装**

打开 EViews 5. 0 文件所在文件夹，点击“Setup”安装，安装过程与其他软件安装类似。安装完毕后，电脑桌面和文件安装位置都有 EViews 5. 0 图标。双击“EViews 5. 0”图标即可启动该软件，如图 2-2 所示。

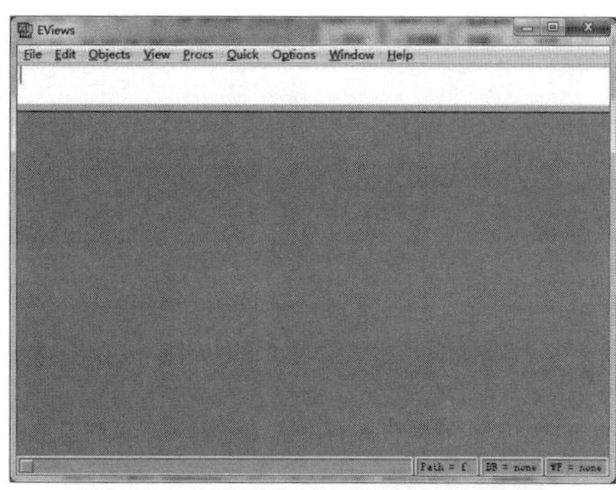

图 2-2　EViews 5. 0 软件的主页面

2. 3. 2. 2　**操作过程**

2. 3. 2. 2. 1　*启动程序*

双击桌面上“EViews 5. 0”快捷图标，打开“EViews 5. 0”（见图 2-2）。

2. 3. 2. 2. 2　*建立* Workfile

点击 EViews 主窗口顶部命令菜单“File”→“New”→“Workfile”（见图 2-3），弹出“Workfile Range”对话框（见图 2-4）。在“Workfile frequency”下拉菜单中可选数据

类型，Annual 为默认的数据类型。因为这次实验数据是年度时间序列数据（1978~2011 年的年度数据），故无须调整（若是别的数据类型则需要另选相应选项）。在“Start dale”和“End dale”的文本框中分别输入 1978 和 2011，点击“OK”后会出现如图 2-5 所示界面，Workfile 建立完毕。

此时可以看到 Workfile 中有两个默认的对象，名称分别为 c、resid，分别为参数估计值向量和残差序列。在没进行回归估计之前，向量 c 的每个元素值都为 0，残差序列的每个值为 NA，表示还没有赋值。以后每做一次回归估计，c 和 resid 就会被重新赋值（被分别赋予最新回归估计的参数估计值向量和残差序列）。

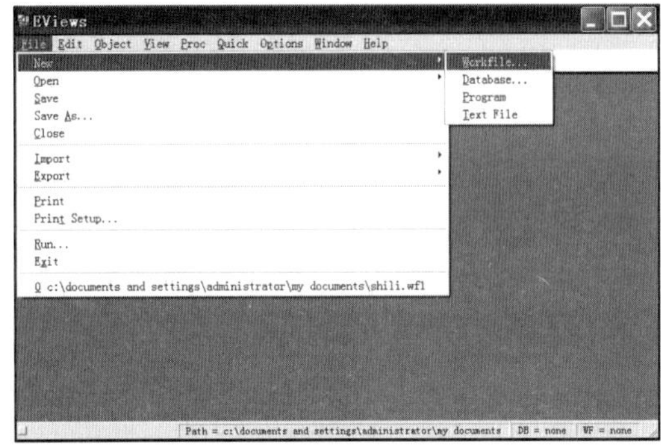

图 2-3　File 命令菜单

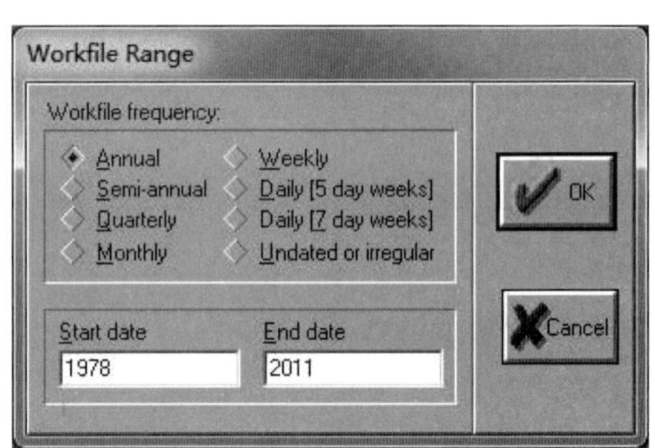

图 2-4　Workfile Range 对话框

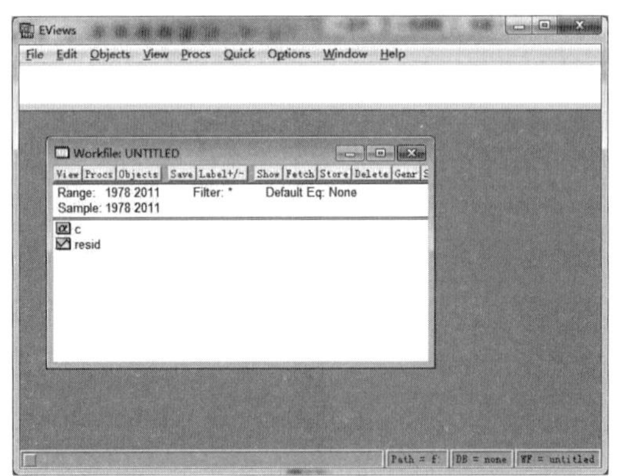

图 2-5　Workfile 建立完毕界面

（1）录入数据。在对话框中输入“data”和需要录入的变量名，如图 2-6 所示界面。然后按“回车键”，则可得到录入数据界面，如图 2-7 所示。最后将数据录入即可，如图2-8 所示。

（2）画图。在“Quick”菜单中点击“Graph”，出现如图 2-9 所示界面。在输入框内输入需要画图的变量名。然后单击“OK”键，如图 2-10 所示。如果你希望得到其他图形的话，可通过单击“向下的箭头”选择。这里按照默认选项，结果如图 2-11 所示。由图 2-11可知，y 随着 x2、x3、x4 的变化而变化，故继续进行拟合模型。

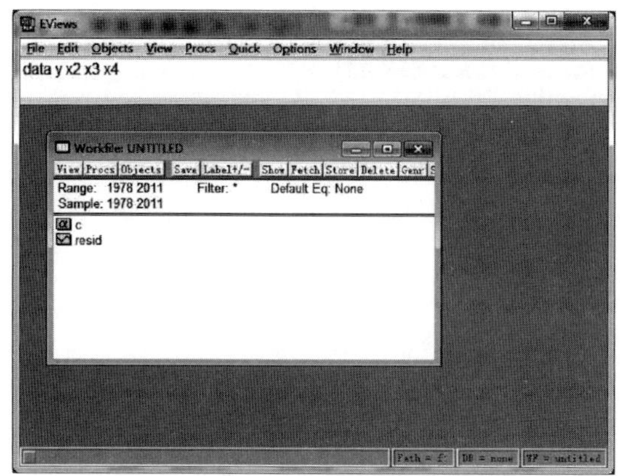

图 2-6　录入变量名

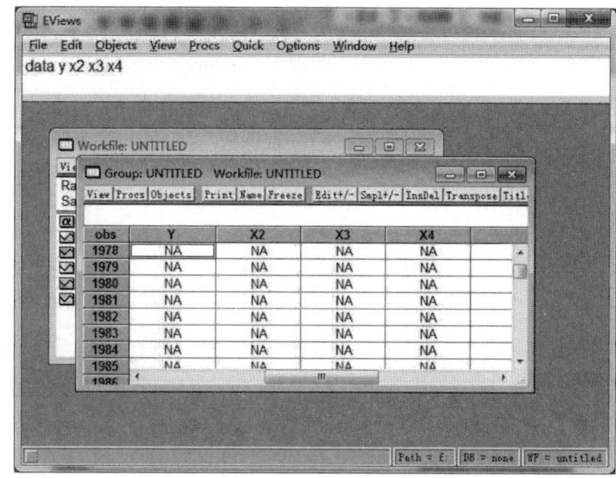

图 2-7　录入数据界面

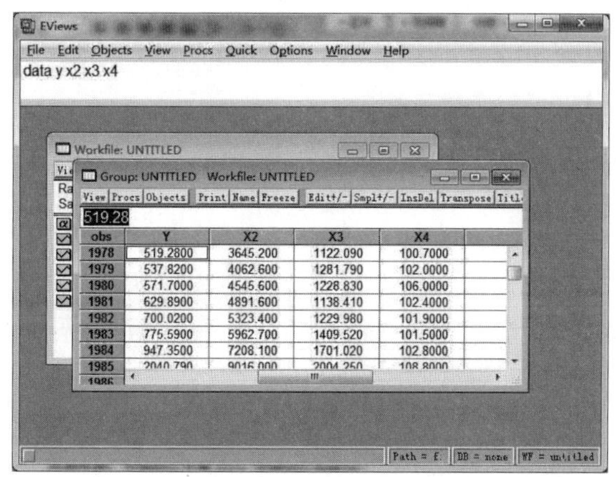

图 2-8　录入数据

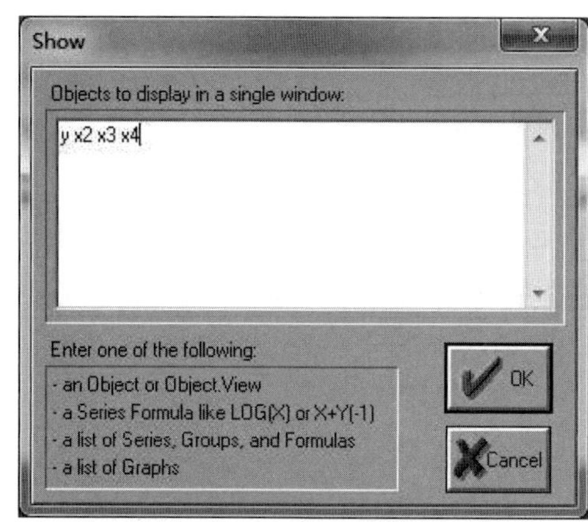

图 2-9　画图界面

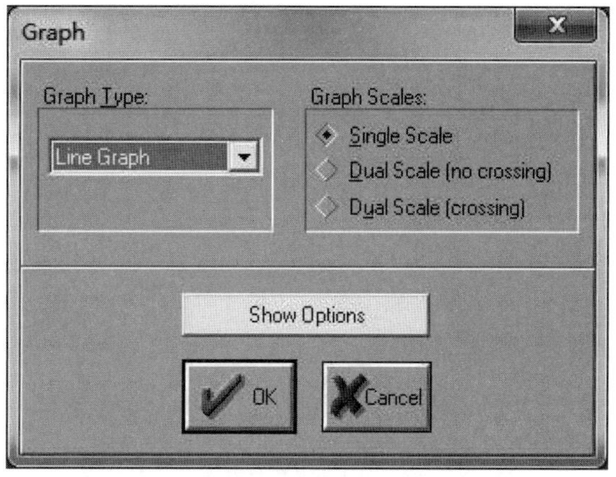

图 2-10　画图类型选项

2.3.2.2.3　拟合模型

在输入框内输入“ls”和因变量、c、自变量(见图 2-12)，按“回车键”得到如图 2-13 所示界面。

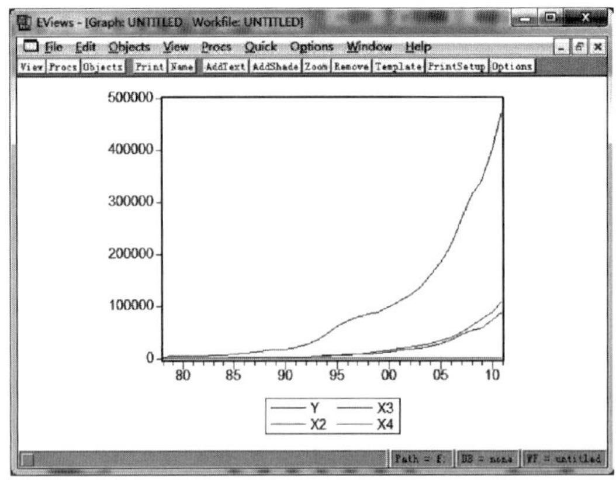

图 2-11　最终画图结果

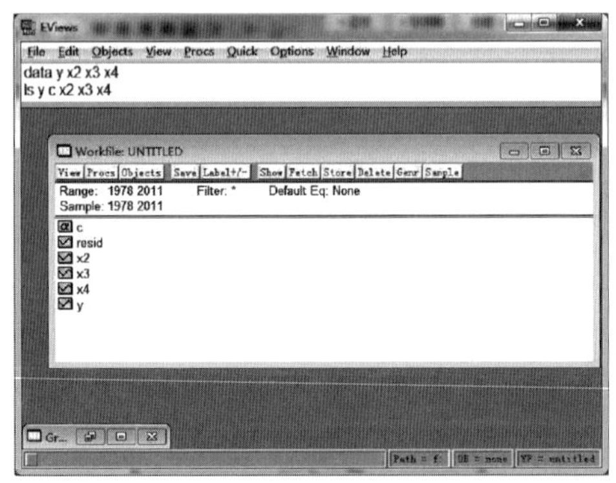

图 2-12　在输入框内输入相关内容

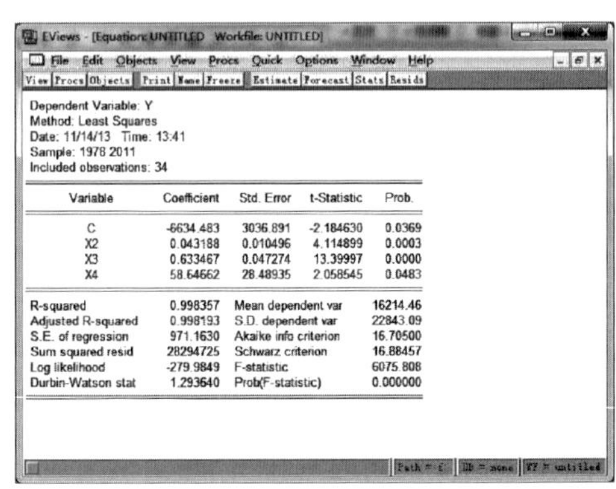

Dependent Variable: Y
Method: Least Squares
Date: 11/14/13 Time: 13:41
Sample: 1978 2011
Included observations: 34

Variable	Coefficient	Std. Error	t-Statistic	Prob.
C	-6634.483	3036.891	-2.184630	0.0369
X2	0.043188	0.010496	4.114899	0.0003
X3	0.633467	0.047274	13.39997	0.0000
X4	58.64662	28.48935	2.058545	0.0483

R-squared	0.998357	Mean dependent var	16214.46
Adjusted R-squared	0.998193	S.D. dependent var	22843.09
S.E. of regression	971.1630	Akaike info criterion	16.70500
Sum squared resid	28294725	Schwarz criterion	16.88457
Log likelihood	-279.9849	F-statistic	6075.808
Durbin-Watson stat	1.293640	Prob(F-statistic)	0.000000

图 2-13　回归结果

模型估计的结果为：

$$\hat{y}_i = -6634.483 + 0.0432X2 + 0.6335\ln X3 + 58.6466X4$$

$$t = \ (-2.1846)\ (4.1149)\qquad (13.4000)\qquad (2.0585)$$

$$R^2 = 0.9984 \qquad F = 6075.808$$

（1）经济意义检验。模型估计结果说明，在假定其他变量不变的情况下，当年 GDP 每增长 1 亿元，税收收入会增长 0.0432 亿元；在假定其他变量不变的情况下，当年财政支出每增长 1 亿元，税收收入就会增长 0.6335 亿元；在假定其他变量不变的情况下，当年商品零售价格指数每上涨 1 个百分点，税收收入会增长 58.6466 亿元。

（2）统计检验。

拟合优度：$R^2=0.9984$，模型拟合较好，说明在 Y 的总离差变动中，99.84%可以由 X2、X3、X4 解释。

F 检验：在 95%置信度下，F 检验 P 值小于 0.05，回归方程是显著的。

t 检验：在 95%置信度下，X2、X3、X4 的 t 检验 p 值均小于 0.05，表明 X2、X3、X4 对 Y 的线性作用显著。

在图 2-13 窗口下，点击“View”，出现下拉菜单，里面有“Actual，Fitted，Residual Table”和“Actual，Fitted，Residual Graph”两项最常用，其中“Actual，Fitted，Residual

Graph" 如图 2-14 所示。

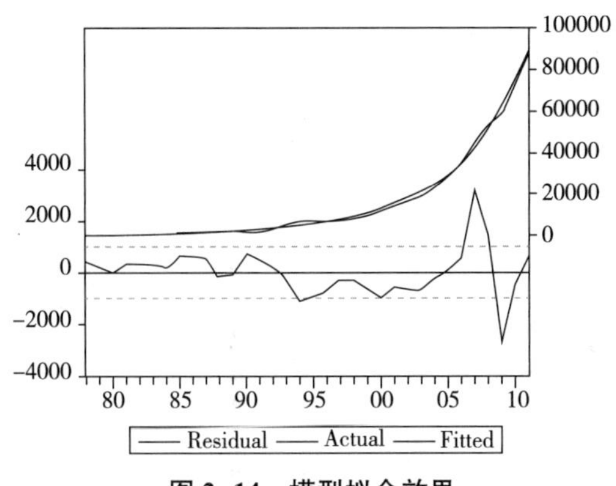

图 2-14　模型拟合效果

由上述模型可知，当 2012 年 GDP 为 80000 亿元，财政支出为 12000 亿元时，商品零售价格指数为 106%，则可以预测 2012 年的税收收入为 10640.0566 亿元。

2.3.3　实验小结

本节以多元线性回归模型为例进行了预测，如果采用一元回归模型预测，方法相同，只是回归时自变量的个数减少了而已。

2.4　虚拟变量模型预测实验

2.4.1　实验数据

改革开放以来，随着经济的发展，中国城乡居民的收入快速增长，同时城乡居民的储蓄存款也迅速增长。经济学界的一种观点认为，20 世纪 90 年代以后由于经济体制和住房、医疗、养老等社会保障体制的变化，居民的储蓄行为发生了明显变化。为了观察改革开放以来中国居民的储蓄存款与收入的关系是否已经发生变化，以城乡居民人民币储蓄存款年底余额代表居民储蓄（Y），以国民总收入 GNI 代表城乡居民收入，分析居民收入对储蓄存款影响的数量关系，其数据如表 2-3 所示。

表 2-3　国民收入与居民储蓄存款　　单位：亿元

年份	国民收入 GNI	城乡居民人民币储蓄存款年底余额 Y	城乡居民人民币储蓄存款增加额 YY
1978	3645.20	210.60	—
1979	4062.60	281.00	70.40
1980	4545.60	399.50	118.50
1981	4889.50	532.70	133.20

续表

年份	国民收入 GNI	城乡居民人民币储蓄存款年底余额 Y	城乡居民人民币储蓄存款增加额 YY
1982	5330.50	675.40	142.70
1983	5985.60	892.50	217.10
1984	7243.80	1214.70	322.20
1985	9040.70	1622.60	407.90
1986	10274.40	2237.60	615.00
1987	12050.60	3073.30	835.70
1988	15036.80	3801.50	728.20
1989	17000.90	5196.40	1394.90
1990	18718.30	7119.60	1923.20
1991	21826.20	9244.90	2125.30
1992	26937.30	11757.30	2512.40
1993	35260.00	15203.50	3446.20
1994	48108.50	21518.80	6315.30
1995	59810.50	29662.30	8143.50
1996	70142.50	38520.80	8858.50
1997	78060.90	46279.80	7759.00
1998	83024.30	53407.50	7127.67
1999	88479.20	59621.80	6214.36
2000	98000.50	64332.40	4710.55
2001	108068.20	73762.40	9430.05
2002	119095.70	86910.70	13148.22
2003	134977.00	103617.70	16707.00
2004	159453.60	119555.40	15937.74
2005	183617.40	141051.00	21495.60
2006	215904.40	161587.30	20536.31
2007	266422.00	172534.20	10946.89
2008	316030.30	217885.40	45351.16
2009	340320.00	260771.70	42886.31
2010	399759.50	303302.50	42530.84
2011	472115.00	343635.90	40333.39

资料来源：《中国统计年鉴 2012》。

2.4.2 实验步骤

为了分析居民储蓄行为在 1996 年、2000 年、2005 年以及 2007 年等不同时期的数量关系，分别引入虚拟变量 D_1、D_2、D_3、D_4。$D_1 \sim D_4$的选择，分别是以 1996 年、2000 年、2005 年和 2007 年四个转折点作为依据，这四个年度所对应的 GNI 分别为 70142.50 亿元、98000.50 亿元、183617.40 亿元和 266422.00 亿元。据此，本章设定了如下加法和乘法两种方式同时引入虚拟变量的模型：

$$YY_t = \beta_0 + \beta_1 GNI_t + \beta_2 (GNI_t - 70142.50) D_{1t} + \beta_3 (GNI_t - 98000.50) D_{2t} + \beta_4 (GNI_t - 183617.40) D_{3t} + \beta_5 (GNI_t - 266422.00) D_{4t} + u_t$$

其中：

$$D_{1t} = \begin{cases} 1, & t \text{ 为 1996 年以后} \\ 0, & t \text{ 为 1996 年及以前} \end{cases} \qquad D_{2t} = \begin{cases} 1, & t \text{ 为 2000 年以后} \\ 0, & t \text{ 为 2000 年及以前} \end{cases}$$

$$D_{3t} = \begin{cases} 1, & t \text{ 为 2005 年以后} \\ 0, & t \text{ 为 2005 年及以前} \end{cases} \qquad D_{4t} = \begin{cases} 1, & t \text{ 为 2007 年以后} \\ 0, & t \text{ 为 2007 年及以前} \end{cases}$$

在对话框中输入“data”和需要录入的变量名，如图 2-15 所示。

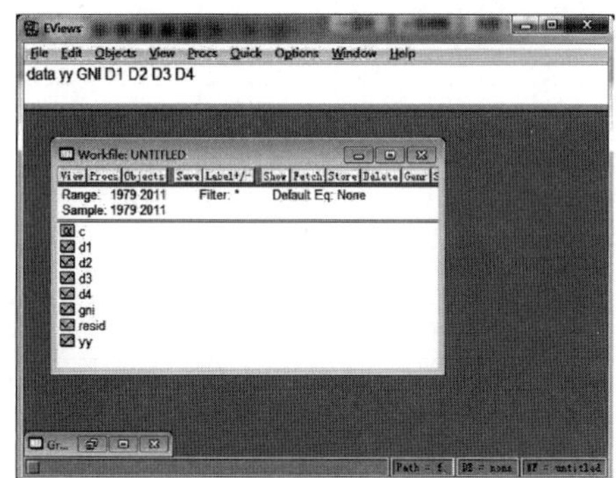

图 2-15　虚拟变量模型的变量名录入

然后按“回车键”，则可得到录入数据界面，最后将数据录入即可（见图 2-16），其回归结果如表 2-4 所示。

EViews - [Group: UNTITLED Workfile: UNTITLED]

File Edit Objects View Procs Quick Options Window Help

View Procs Objects Print Name Freeze Edit+/- Smpl+/- InsDel Transpose Title Sample

obs	YY	GNI	D1	D2	D3	D4
obs	YY	GNI	D1	D2	D3	D4
1979	NA	3645.200	0.000000	0.000000	0.000000	0.000000
1980	70.40000	4062.600	0.000000	0.000000	0.000000	0.000000
1981	118.5000	4545.600	0.000000	0.000000	0.000000	0.000000
1982	133.2000	4889.500	0.000000	0.000000	0.000000	0.000000
1983	142.7000	5330.500	0.000000	0.000000	0.000000	0.000000
1984	217.1000	5985.600	0.000000	0.000000	0.000000	0.000000
1985	322.2000	7243.800	0.000000	0.000000	0.000000	0.000000
1986	407.9000	9040.700	0.000000	0.000000	0.000000	0.000000
1987	615.0000	10274.40	0.000000	0.000000	0.000000	0.000000
1988	835.7000	12050.60	0.000000	0.000000	0.000000	0.000000
1989	728.2000	15036.80	0.000000	0.000000	0.000000	0.000000
1990	1394.900	17000.90	0.000000	0.000000	0.000000	0.000000
1991	1923.200	18718.30	0.000000	0.000000	0.000000	0.000000
1992	2125.300	21826.20	0.000000	0.000000	0.000000	0.000000
1993	2512.400	26937.30	0.000000	0.000000	0.000000	0.000000
1994	3446.200	35260.00	0.000000	0.000000	0.000000	0.000000
1995	6315.300	48108.50	0.000000	0.000000	0.000000	0.000000
1996	8143.500	59810.50	0.000000	0.000000	0.000000	0.000000
1997	8858.500	70142.50	1.000000	0.000000	0.000000	0.000000
1998	7759.000	78060.90	1.000000	0.000000	0.000000	0.000000
1999	7127.670	83024.30	1.000000	0.000000	0.000000	0.000000
2000	6214.360	88479.20	1.000000	0.000000	0.000000	0.000000
2001	4710.550	98000.50	1.000000	1.000000	0.000000	0.000000
2002	9430.050	108068.2	1.000000	1.000000	0.000000	0.000000
2003	13148.22	119095.7	1.000000	1.000000	0.000000	0.000000
2004	16707.00	134977.0	1.000000	1.000000	0.000000	0.000000
2005	15937.74	159453.6	1.000000	1.000000	0.000000	0.000000
2006	21495.60	183617.4	1.000000	1.000000	1.000000	0.000000
2007	20536.31	215904.4	1.000000	1.000000	1.000000	0.000000
2008	10946.89	266422.0	1.000000	1.000000	1.000000	1.000000
2009	45351.16	316030.3	1.000000	1.000000	1.000000	1.000000
2010	42886.31	340320.0	1.000000	1.000000	1.000000	1.000000
2011	42530.84	399759.5	1.000000	1.000000	1.000000	1.000000

Path = f: DB = none WF = untitled

图 2-16　虚拟变量模型的数据录入

表 2-4 虚拟变量模型的回归结果

Dependent Variable: YY

Method: Least Squares

Date: 11/17/13 Time: 16: 06

Sample (adjusted): 1980 2011

Included observations: 32 after adjusting endpoints

Variable	Coefficient	Std. Error	t-Statistic	Prob.
C	-680. 8729	1335. 191	-0. 509944	0. 6144
GNI	0. 131487	0. 042595	3. 086909	0. 0048
(GNI-70142. 5) *D1	-0. 185789	0. 157124	-1. 182435	0. 2477
(GNI-98000. 5) *D2	0. 230437	0. 157058	1. 467207	0. 1543
(GNI-184088. 6) *D3	-0. 232582	0. 108359	-2. 146405	0. 0413
(GNI-251483. 2) *D4	0. 271971	0. 102641	2. 649719	0. 0135
R-squared	0. 919458	Mean dependent var	9471. 622	
Adjusted R-squared	0. 903969	S. D. dependent var	12724. 69	
S. E. of regression	3943. 244	Akaike info criterion	19. 56476	
Sum squared resid	4. 04E+08	Schwarz criterion	19. 83958	
Log likelihood	-307. 0361	F-statistic	59. 36231	
Durbin-Watson stat	2. 365887	Prob (F-statistic)	0. 000000	

回归模型为:

$$\hat{Y}_t = \begin{cases} -680.8729 + 0.1315GNI_t & t \leqslant 1996 \\ 12351.6036 - 0.0543GNI_t & 1996 < t \leqslant 2000 \\ -10227.7116 + 0.1761GNI_t, & 2000 < t \leqslant 2005 \\ 417962.372 - 0.0565GNI_t & 2005 < t \leqslant 2007 \\ -349558.9416 + 0.0461GNI_t, & t > 2007 \end{cases}$$

这表明五个时期居民储蓄增加额的回归方程在统计意义上确实是不相同的。1996 年以前国民总收入每增加 1 亿元，居民储蓄存款的增加额为 0. 1315 亿元；2007 年以后，则为 0. 0461 亿元，已发生了很大的变化。

若 2012 年国民收入为 52000 亿元，则居民储蓄存款增加额为-347161. 7416 亿元，说明我国居民的储蓄存款在下降。

2. 5 非线性回归模型预测实验

2. 5. 1 实验数据

实验数据如表 2-5 所示。

表 2-5　商品年销售额和商品流通费率等数据

商品销售额分组（万元）	组中值 x	商品流通率 y（%）	x′=1/x	$(x')^2$	Y^2	x′y
3 以下	1. 5	7. 0	0. 6667	0. 44449	49. 00	4. 66690
3~6	4. 5	4. 8	0. 2222	0. 4937	23. 04	1. 06656
6~9	7. 5	3. 6	0. 1333	0. 01777	12. 96	0. 47988
9~12	10. 5	3. 1	0. 0952	0. 00906	9. 61	0. 29512
12~15	13. 5	2. 7	0. 0741	0. 00549	7. 29	0. 20007
15~18	16. 5	2. 5	0. 0506	0. 00367	6. 25	0. 15150
18~21	19. 5	2. 4	0. 0513	0. 00263	5. 76	0. 12312
21~24	22. 5	2. 3	0. 0444	0. 00197	5. 29	0. 10212
24~27	25. 5	2. 2	0. 0392	0. 00154	4. 84	0. 08624
合计	—	30. 6	1. 387	0. 53599	124. 04	7. 17151

2. 5. 2　实验步骤

首先做曲线图，如图 2-17 所示。

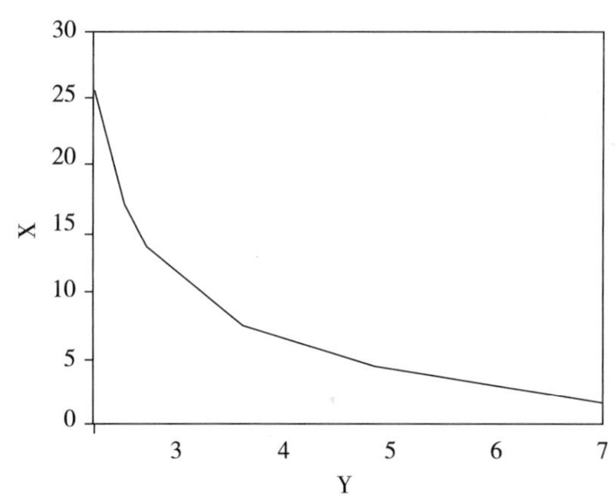

图 2-17　某年某市各百货商品年销售额和商品流通率

从图 2-17 中可以看出，可以用反比例函数 $\hat{y} = a + b\frac{1}{x}$ 来描述它们之间的数量变化。要解双曲线方程式中的 a、b 两个参数，必须先对其进行线性变换，即假设 x′=1/x，那么有：

$$\hat{y} = a + bx'$$

用最小二乘法得出回归方程：

$$\hat{y} = 2.22557 + 7.62075\frac{1}{x}$$

当年销售额为 13 万元，则预测流通费率为：

$$\hat{y} = 2.22557 + 7.62075\frac{1}{13} = 2.8(\%)$$

2.6 实验小结

通过本实验，我们掌握回归模型设定、参数估计、模型检验、预测理论、建模步骤、方法以及结论的解释。其中线性化是解决这类模型的关键步骤。

2.7 练习实验

【实验 1】为研究中国的货币供应量（以广义货币 M2 表示）与国内生产总值（GDP）的相互依存关系，分析表 2-6 中 1990~2007 年中国货币供应量（M2）和国内生产总值（GDP）的有关数据。

表 2-6 1990~2007 年中国货币供应量（M2）和国内生产总值（GDP） 单位：亿元

年份	货币供应量	国内生产总值
1990	15293.4	18667.8
1991	19349.9	21781.5
1992	25402.2	26923.5
1993	34879.8	35333.9
1994	46923.5	48197.9
1995	60750.5	60793.7
1996	76094.9	71176.6
1997	90995.3	78973.0
1998	104498.5	84402.3
1999	119897.9	89677.1
2000	134610.4	99214.6
2001	158301.9	109655.2
2002	185007.0	120332.7
2003	221222.8	135822.8
2004	254107.0	159878.3
2005	298775.7	184937.4
2006	345603.6	216314.4
2007	403442.2	265810.3

【实验 2】为了分析居民消费水平与经济增长的关系，选择能代表城乡所有居民消费的“全体居民人均消费水平”为被解释变量（Y），选择表现经济增长水平的“人均国内生产总值（人均 GDP）”为解释变量（X），其数据如表 2-7 所示。

表 2-7　1978~2007 年中国居民人均消费水平和人均 GDP　　单位：元

年份	全体居民人均消费水平（Y）	人均 GDP（X）
1978	184	381
1979	208	419
1980	238	463
1981	264	492
1982	288	528
1983	316	583
1984	361	695
1985	446	858
1986	497	963
1987	565	1112
1988	714	1366
1989	788	1519
1990	833	1644
1991	932	1893
1992	1116	2311
1993	1393	2998
1994	1833	4044
1995	2355	5046
1996	2789	5846
1997	3002	6420
1998	3159	6796
1999	3346	7159
2000	3632	7858
2001	3887	8622
2002	4144	9398
2003	4475	10542
2004	5032	12336
2005	5596	14053
2006	6299	16165
2007	7310	18934

【实验 3】某网上商城 10 家商户的年销售额、传统广告投入和网络广告投入资料如表 2-8所示。

表 2-8　10 家商户的年销售额、传统广告投入和网络广告投入数据　　单位：万元

序号	Y	X_1	X_2
1	4821. 94	40. 26	5. 89
2	4369. 88	32. 21	6. 32

续表

序号	Y	X_1	X_2
3	10095.93	120.77	9.82
4	6328.79	60.98	9.42
5	6780.85	70.71	7.16
6	10849.36	123.74	11.63
7	15821.98	220.96	27.07
8	12054.84	132.58	13.53
9	13863.07	107.49	20.01
10	15273.99	130.31	19.35

注：Y 代表年销售额；X_1 代表传统广告投入；X_2 代表网络广告投入。

（1）建立年销售额对传统广告投入和网络广告投入的二元线性回归模型，对参数进行估计。

（2）当显著性水平 $\alpha = 0.05$ 时，对模型进行统计检验。

（3）假设该网上商场某商户传统广告投入 80 万元，网络广告投入 8 万元，试预测该商户年销售额。

【实验 4】考虑以下"期望扩充菲利普斯曲线"模型：$Y = \beta_0 + \beta_1 X_1 + \beta_2 X_2 + u_t$

其中，Y_t 为实际通货膨胀率；X_1 为失业率；X_2 为预期通货膨胀率，数据如表 2-9 所示。

表 2-9　1970~1982 年某国实际通货膨胀率、失业率和预期通货膨胀率　　单位：%

年份	实际通货膨胀率（Y）	失业率（X_1）	预期通货膨胀率（X_2）
1970	5.92	4.90	4.78
1971	4.30	5.90	3.84
1972	3.30	5.60	3.31
1973	6.23	4.90	3.44
1974	10.97	5.60	6.84
1975	9.14	8.50	9.47
1976	5.77	7.70	6.51
1977	6.45	7.10	5.92
1978	7.60	6.10	6.08
1979	11.47	5.80	8.09
1980	13.46	7.10	10.01
1981	10.24	7.60	10.81
1982	5.99	9.7	8.00

（1）对此模型进行估计，并做出经济学和计量经济学的说明。

（2）根据此模型所估计结果进行统计检验。

（3）计算修正的可决系数（写出详细计算过程）。

【实验 5】个人所得税起征点调整对居民消费支出产生重要影响。为研究个人所得税起征点调整对居民个人消费支出行为的效应，收集相关的数据如表 2-10、表 2-11 所示。

表 2-10　个人所得税起征点调整　　单位：元

年份	最低的起征点
1987	400
1994	800
2006	1600
2008	2000

表 2-11　城镇居民收入与消费的有关数据

年份	城镇居民人均可支配收入（元）	城镇家庭人均全年消费性支出（元）	平均每户城镇家庭就业人口数（人）	城镇家庭平均每一就业者负担人数（含本人）（人）
1985	739. 10	673. 20	2. 15	1. 81
1986	900. 90	799. 00	2. 12	1. 80
1987	1002. 10	884. 40	2. 09	1. 79
1988	1180. 20	1104. 00	2. 03	1. 79
1989	1373. 90	1211. 00	2. 00	1. 78
1990	1510. 16	1278. 89	1. 98	1. 77
1991	1700. 60	1453. 80	1. 96	1. 75
1992	2026. 60	1671. 70	1. 95	1. 73
1993	2577. 40	2110. 80	1. 92	1. 72
1994	3496. 20	2851. 30	1. 88	1. 74
1995	4282. 95	3537. 57	1. 87	1. 73
1996	4838. 90	3919. 50	1. 86	1. 72
1997	5160. 30	4185. 60	1. 83	1. 74
1998	5425. 10	4331. 60	1. 80	1. 75
1999	5854. 00	4615. 90	1. 77	1. 77
2000	6279. 98	4998. 00	1. 68	1. 86
2001	6859. 60	5309. 01	1. 65	1. 88
2002	7702. 80	6029. 92	1. 58	1. 92
2003	8472. 20	6510. 94	1. 58	1. 91
2004	9421. 60	7182. 10	1. 56	1. 91
2005	10493. 00	7942. 88	1. 51	1. 96
2006	11759. 45	8696. 55	1. 53	1. 93
2007	13785. 81	9997. 47	1. 54	1. 89
2008	15780. 80	11242. 90	1. 48	1. 97

构造用于描述个人所得税调整的虚拟变量模型。

【实验 6】建立一元回归模型。依据 1996~2005 年《中国统计年鉴》提供的资料，经过整理，获得以下农村居民人均消费支出和人均纯收入的数据如表 2-12 所示。

表 2-12 1995~2004 年农村居民人均消费支出和人均纯收入 单位：元

年份	1995	1996	1997	1998	1999	2000	2001	2002	2003	2004
人均纯收入	1577.7	1926.0	2090.1	2161.9	2210.3	2253.4	2366.4	2475.6	2622.2	2936.4
人均消费支出	1310.3	1572.0	1617.1	1590.3	1577.4	1670.1	1741.0	1834.3	1943.3	2184.6

第 3 章　时间序列平滑预测

3.1　实验目的

（1）了解移动平均法和平滑指数法的基本概念、基本原理。

（2）掌握一次移动平均法、二次移动平均法、一次指数平滑、二次指数平滑和霍尔特指数平滑法预测模型形式、适用条件及内在机理。

（3）掌握利用 Excel 软件实现一次移动平均法、二次移动平均法操作步骤。

（4）掌握利用 EViews 软件实现一次指数平滑、二次指数平滑和霍尔特指数平滑法预测的操作流程。

3.2　实验原理

3.2.1　移动平均法

移动平均法是根据时间序列、逐项推移，依次计算包含一定项数的序时平均数，来预测序列趋势的一种平滑方法。它是最简单的自适应预测模型，主要包括一次移动平均和二次移动平均两种方法。

3.2.1.1　一次移动平均法

一次移动平均法又称简单移动平均法，它是根据序列特征，以计算一定项数的算术平均数来作为序列下一期的预测值，这种方法随着时间的推移逐渐纳入新的数据并同时删去历史数据。

3.2.1.1.1　计算公式

设时间序列为：x_1，x_2，…，x_t，则一次移动平均的计算公式为：

$$S_t = \frac{1}{n}(x_t + x_{t-1} + \cdots + x_{t-n+1}) \tag{3-1}$$

式（3-1）中，S_t 为第 t 期移动平均数；n 为移动平均的项数。式（3-1）表明时间 t 每向前移动一个时期，一次移动平均便增加一个新近数据，去掉一个远期数据，得到一个新的平均数。这种边移动边平均的方法被称为一次移动平均法。

通过推导本章可以得到一次移动平均法的递推公式：

$$S_t = S_{t-1} + \frac{1}{n}(x_t - x_{t-n}) \tag{3-2}$$

式（3-2）说明每一新预测值是对前一次移动平均预测值的修正。

3.2.1.1.2　预测公式

$F_{t+1} = \hat{x}_{t+1} = S_t$ 即以第 t 期移动平均数作为第（t+1）期的预测值。

3.2.1.1.3　特点

该预测方法简单易行，当序列的实际值波动较大时，我们通常会通过移动平均法减弱随机波动性，消除随机干扰，以帮助进行序列实际趋势的分析。对移动平均项数 n 的选择至关重要，n 越大，则修匀的程度也较越大，移动平均后的序列波动程度就越小。反之，如果 n 越小，对原序列的改变就越小。实际中 n 到底取多大，应该根据时间序列具体情况做出选择。较有效的方法是取尽量多的 n 值进行试算，然后比较预测的均方误差 $MSE = \frac{1}{n-k+1}\sum_{t=k}^{n}(x_t - F_t)^2$，得到最小均方误差的项数 n 便是最优的。

3.2.1.1.4　应用条件

一次移动平均法主要应用于平稳时间序列的预测，对于具有明显递增、递减趋势的时间序列一次移动平均预测法会有滞后偏差。

3.2.1.2　二次移动平均法

3.2.1.2.1　二次移动平均法

当时间序列具有明显递增或递减变动趋势时，用一次移动平均法预测就会出现滞后偏差。所以需要进行修正，修正方法是在一次移动平均的基础上再进行一次移动平均，然后建立线性趋势预测模型来修正滞后偏差。

3.2.1.2.2　计算公式

一次移动平均：

$$S_t^{(1)} = \frac{1}{n}(x_t + x_{t-1} + \cdots + x_{t-n+1}) \tag{3-3}$$

二次移动平均：

$$S_t^{(2)} = \frac{1}{n}(S_t^{(1)} + S_{t-1}^{(1)} + \cdots + S_{t-n+1}^{(1)}) \tag{3-4}$$

其递推公式为：

$$S_t^{(2)} = S_{t-1}^{(2)} + \frac{1}{n}(S_t^{(1)} - S_{t-n}^{(1)}) \tag{3-5}$$

3.2.1.3　预测模型

二次移动平均的预测模型是利用滞后偏差建立直线趋势预测模型，模型形式如下：

$$F_{t+T} = \hat{x}_{t+T} = a_t + b_t T$$

其中系数 a_t、b_t 的表达式为：

$$a_t = 2S_t^{(1)} - S_t^{(2)} \tag{3-6}$$

$$b_t = \frac{2}{n-1}(S_t^{(1)} - S_t^{(2)}) \tag{3-7}$$

T 是距离最近一期的样本周期长度。

3.2.2　指数平滑法

移动平均法存在将最近 n 期数据等权重向量看待的缺点，而对（t-n）期以前的数据完全忽视，这往往不符合实际。为了改进上述缺点学者提出了指数平滑法。指数平滑法发展到现在有许多方法，这里主要讲 EViews5.0 能实现的一次指数平滑、二次指数平滑、Holt-Winters 无季节指数模型、Holt-Winters 加法指数模型，Holt-Winters 乘法指数模型。

3.2.2.1　一次指数平滑法

3.2.2.1.1　预测模型

$$F_{t+1} = \alpha x_t + (1-\alpha)F_t \tag{3-8}$$

给定修正系数 α，第（t+1）期预测值是 t 期预测值与 t 期观测值的加权平均数。一次指数平滑预测模型是由一次移动平均法得来的，因为一次移动平均公式为：

$$\begin{aligned} S_t &= \frac{1}{n}(x_t + x_{t-1} + \cdots + x_{t-n+1}) \\ &= \frac{1}{n}(x_t + x_{t-1} + \cdots + x_{t-n+1} + x_{t-n} - x_{t-n}) \\ &= \frac{1}{n}x_t + \frac{1}{n}(x_{t-1} + \cdots + x_{t-n+1} + x_{t-n}) - \frac{1}{n}x_{t-n} \end{aligned} \tag{3-9}$$

又因为：

$$\hat{x}_t = F_t = \frac{1}{n}(x_{t-1} + \cdots + x_{t-n+1} + x_{t-n})$$

所以有：

$$S_t = \frac{1}{n}x_t + F_t - \frac{1}{n}x_{t-n}$$

用 F_t 近似代替 X_{t-n}，整理得：

$$F_{t+1} = \frac{1}{n}x_t + (1 - \frac{1}{n})F_t$$

令 $\alpha = \frac{1}{n}$，便得到：

$$F_{t+1} = \alpha x_t + (1-\alpha)F_t \tag{3-10}$$

所以指数平滑预测模型实质是第（t+1）期的预测值是第 t 期的实际值和第 t 期的预测值的加权平均数。对此模型 $F_{t+1} = \alpha x_t + (1-\alpha)F_t$ 可以重新排列，$F_{t+1} = F_t + \alpha(x_t - F_t)$，所以第（t+1）期的预测值是第 t 期的预测值加上第 t 期的实际值与第 t 期的预测值的修正值。

3.2.2.1.2　递推公式

$$F_{t+1} = \alpha x_t + (1-\alpha)F_t$$

因为：

$$F_t = \alpha x_{t-1} + (1-\alpha)F_{t-1}$$

所以：

$$F_{t+1} = \alpha x_t + (1-\alpha)[\alpha x_{t-1} + (1-\alpha)F_{t-1}]$$

整理得：

$$F_{t+1} = \alpha x_t + \alpha(1-\alpha)x_{t-1} + (1-\alpha)^2 F_{t-1}$$

我们再将 F_{t-1}，F_{t-2}，F_{t-3}，… 代入上述模型整理得：

$$F_{t+1} = \alpha x_t + \alpha(1-\alpha)x_{t-1} + \alpha(1-\alpha)^2 x_{t-2} + \alpha(1-\alpha)^3 x_{t-3} + \cdots + \alpha(1-\alpha)^{n-1}x_{t-n+1} + (1-\alpha)^n F_{t-n+1}$$

这里系数 α 的范围为（0，1），所以第（t+1）期的预测值是第 t 期，（t-1）期，(t-2)期，…，（t-n+1）期的加权平均数，其权重按几何级数递减，越靠近预测期，权重越大，越远离预测期，权重越小。

3.2.2.1.3 *初始预测值的选择和加权系数的确定*

平滑模型的初始预测值是由预测者估计的。一般给定的原则：①当时间序列的数据较多、初始预测值对以后的预测值影响很小时，则用最初一期数据作为初始值；②如果时间序列的数据中等，一般以最初几期的实际值的算数平均数作为初始预测值；③如果时间序列的数据长度充分大，初始预测值可以任意给定。

加权系数的确定 α 直接影响预测结果，所以 α 的取值是否恰当直接影响预测结果和精度，α 的取值范围为（0，1），α 值既代表预测模型对时间序列数据变化的反应速度，又决定预测模型修匀误差的能力。实际中确定 α 值的方法有许多，这里讲两种常用的方法：

（1）直接给定法。这种方法是根据所研究序列特征直接赋予平滑系数 α 的具体值，当序列变化幅度较小时，则选取较小的 α，反之，当序列变化幅度较大时，则选取较大的 α。

（2）间接均方误差法。先将平滑系数离散化，在［0，1］之间按一定的步长取 α 值，然后计算每一期的预测值，根据均方误差公式 $MSE = \frac{1}{n-k+1}\sum_{t=k}^{n}(x_t - F_t)^2$ 计算每一次的值，得到均方误差值最小的那个平滑系数便是最优的。

3.2.2.2 二次指数平滑法

二次指数平滑法的原理与二次移动平均法类似，当时间序列具有明显递增或递减变动时，一次指数平滑预测法会存在明显滞后偏差，所以此时要进行二次指数平滑，即二次指数平滑法。

二次指数平滑法的预测模型：

$$F_{t+T} = a_t + b_t T \tag{3-11}$$

其中，T 是预测期距离第 t 期的时期数，一般情况下 t 期取样本数据最近的一期，截距 a_t 和斜率 b_t 的计算公式如下：

$$a_t = 2S_t^{(1)} - S_t^{(2)} \tag{3-12}$$

$$b_t = \frac{\alpha}{1-\alpha}(S_t^{(1)} - S_t^{(2)}) \tag{3-13}$$

其中，$S_t^{(1)}$ 是一次指数平滑值，$S_t^{(2)}$ 为二次指数平滑值，即：

$$S_t^{(1)} = \alpha x_t + (1 - \alpha) S_{t-1}^{(1)} \tag{3-14}$$

$$S_t^{(2)} = \alpha S_t^{(1)} + (1 - \alpha) S_{t-1}^{(2)} \tag{3-15}$$

3.2.2.3　Holt-Winters 无季节指数模型

这种方法与二次指数平滑法一样，主要用于具有线性趋势，但无季节变动的时间序列的预测，预测模型为：

$$F_{t+T} = a_t + b_t T$$

模型中 a_t 、b_t 由以下公式决定：

$$a_t = \alpha x_t + (1 - \alpha)(a_{t-1} + b_{t-1}) \tag{3-16}$$

$$b_t = \beta(a_t - a_{t-1}) + (1 - \beta) b_{t-1} \tag{3-17}$$

两个系数 α、β，其范围都在（0，1）之间。

3.2.2.4　Holt-Winters 加法指数模型

Holt-Winters 加法指数模型主要用于具有线性趋势、季节性且这种变化以加法形式叠加的序列预测。

预测模型为：

$$F_{t+T} = a_t + b_t T + I_{t+T} \tag{3-18}$$

模型中 a_t、b_t 和 I_t 的表达式为：

$$a_t = \alpha(x_t - I_{t-L}) + (1 - \alpha)(a_{t-1} + b_{t-1}) \tag{3-19}$$

$$b_t = \beta(a_t - a_{t-1}) + (1 - \beta) b_{t-1} \tag{3-20}$$

$$I_t = \gamma(x_t - a_t) + (1 - \gamma) I_{t-L} \tag{3-21}$$

其中，(a_t+b_tT) 是趋势因素，I 为季节指数，L 是季节长度。

3.2.2.5　Holt-Winters 乘法指数模型

Holt-Winters 乘法指数模型与二次指数平滑法相类似，主要用于具有线性趋势、季节性且这种变化以乘法形式叠加的序列预测。

预测模型为：

$$F_{t+T} = (a_t + b_t T) I_{t+T-L} \tag{3-22}$$

模型中 a_t 、b_t 和 I_t 的表达式为：

$$a_t = \alpha \frac{x_t}{I_{t-L}} + (1 - \alpha)(a_{t-1} + b_{t-1}) \tag{3-23}$$

$$b_t = \beta(a_t - a_{t-1}) + (1 - \beta) b_{t-1} \tag{3-24}$$

$$I_t = \gamma \frac{x_t}{a_t} + (1 - \gamma) I_{t-L} \tag{3-25}$$

这里有三个系数 α、β、γ，其范围为（0，1），I 为季节指数，L 是季节长度，T 的含义与前面的相同。

3.3 实验数据

3.3.1 移动平均法数据

某公司的年销售数据如表 3-1 所示，用移动平均法预测 2013 年该企业销售量。

表 3-1 1993~2012 年某公司销售额 单位：万元

年份	销售量（万元）	年份	销售额
1993	6.5	2003	7.1
1994	7.8	2004	6.8
1995	7.3	2005	7.1
1996	8.7	2006	7.8
1997	6.7	2007	8.3
1998	6.6	2008	9.3
1999	8.6	2009	8.6
2000	8.1	2010	7.8
2001	9.1	2011	7.5
2002	8.7	2012	7.9

3.3.2 指数平滑法数据

某公司 2001~2011 年的产品销售量如表 3-2 所示，根据数据特点采用指数平滑法预测该公司 2012 年的销售量。

表 3-2 2001~2011 年某公司的产品销售量 单位：万台

年份	销售量（万台）	年份	销售量（万台）
2001	175	2007	220
2002	172	2008	227
2003	180	2009	235
2004	192	2010	232
2005	201	2011	240
2006	210		

3.3.3 Holt—Winfers 指数平滑法数据

表 3-3 为 2005 年第一季度至 2012 年第四季度某汽车公司销售季度统计数据，试用 Holt-Winters 指数平滑法预测 2013 年该汽车公司第一至第四季度的销售量。

表 3-3　某汽车公司销售季度统计数据　　单位：万辆

年份	季度	销售额	年份	季度	销售额
2005	1	102.2	2009	1	219.0
2005	2	109.9	2009	2	230.1
2005	3	112.1	2009	3	221.9
2005	4	122.8	2009	4	230.9
2006	1	131.1	2010	1	268.5
2006	2	133.3	2010	2	268.1
2006	3	121.0	2010	3	206.4
2006	4	123.7	2010	4	226.4
2007	1	139.7	2011	1	271.0
2007	2	162.2	2011	2	362.4
2007	3	139.3	2011	3	369.6
2007	4	174.0	2011	4	364.0
2008	1	185.9	2012	1	466.2
2008	2	195.7	2012	2	468.6
2008	3	172.9	2012	3	402.8
2008	4	178.3	2012	4	507.0

3.4　实验过程

3.4.1　移动平均法的实验步骤

（1）利用 2007 版的 Excel 绘制时序图。选中数据区域 A1：B21，点击 Excel 软件菜单中的“插入”，从下拉菜单中点“散点图”得到图 3-1。

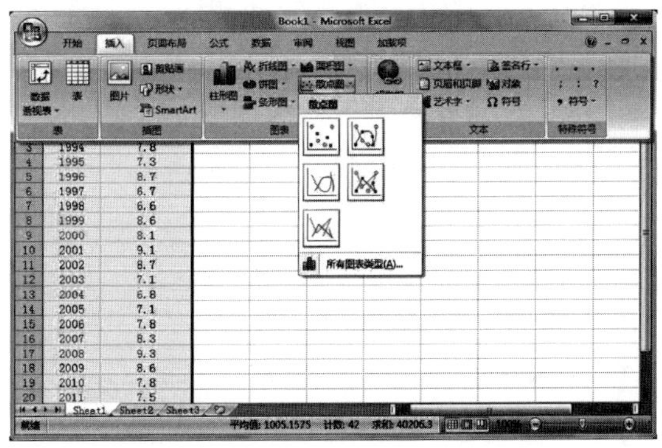

图 3-1　Excel 绘制散点图界面

选择第一个散点图样式，单击后得到图 3-2。

所得到的散点图比较平稳，没有递增或递减趋势，所以应选择一次移动平均法。

（2）单击主菜单中的“数据”，在下拉菜单中点击数据分析，出现如图 3-3 所示的对话框，选择移动平均。

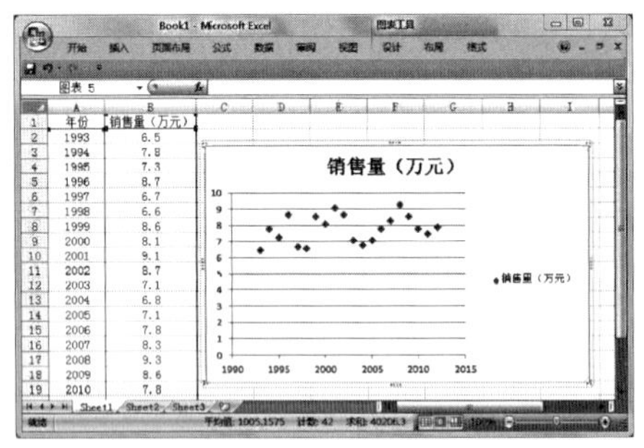

图 3-2　制成散点图界面

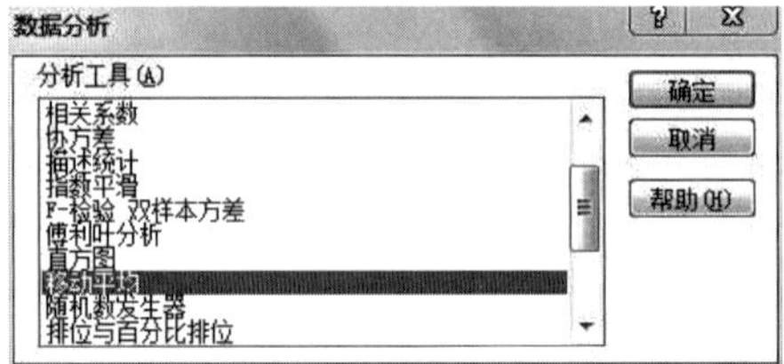

图 3-3　数据分析对话框

再点击确定得到如图 3-4 所示的对话框。

图 3-4　平均移动法选项

在“输入区域”中按鼠标左键从 B2 拖动到 B21，同理在“输出区域”中选择一段空白格以存储平均后的序列，间隔即移动平均中所选择的步长，这里我们给予步长值为 3，选中“图表输出”和“标准误差”，点击“确定”，即得到步长为 3 的一次移动平均值、线性图及标准误差如图 3-5 所示。

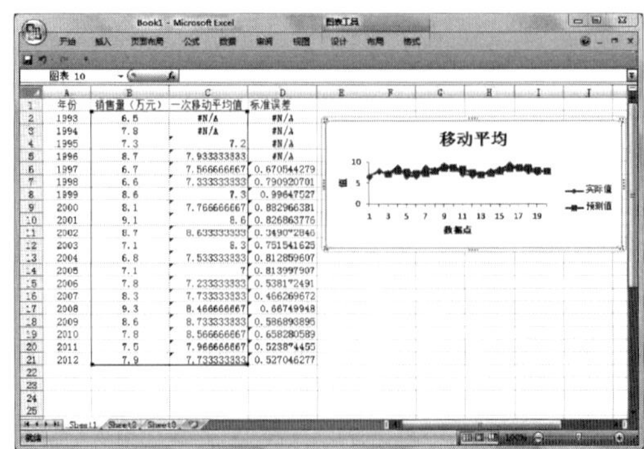

图 3-5　一次移动平均法最终结果

（3）根据输出结果和预测模型得到未来的预测值。实际操作中我们会根据数据特点和长度选择不同的间隔值，通过对比均方误差的大小，选择恰当的步长值，本实验通过对比最后得出步长为 3 时的均方误差最小，所以根据一次移动平均预测模型的计算公式可知，2013 年该企业的销售额为 7.73 万元。

3.4.2　指数平滑法的实验步骤

（1）观察表 3-2 的序列特征，绘制时序图其步骤为点击“View”，再点击其下拉菜单的“Graph”中的“xy line”，得到图 3-6。

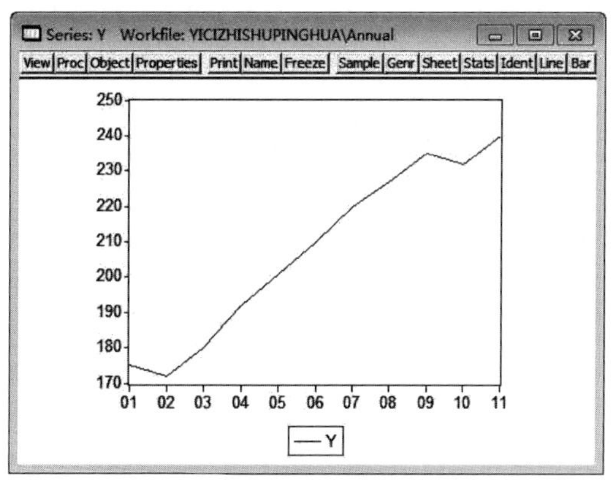

图 3-6　时序图

（2）由于销售量的时序图具有明显递增趋势，所以我们采用二次指数平滑法进行预测，首先调整样本区间，双击工作文件上方的“Range”，得到如图 3-7 所示的对话框。

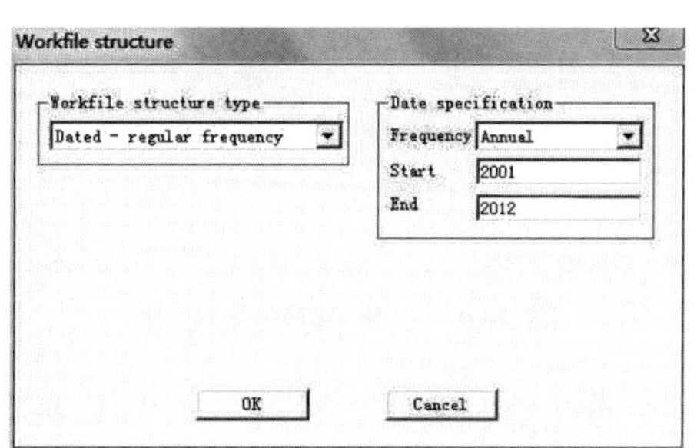

图 3-7　创建新的工作文件

将 End 截止日期改为 2012。单击“Proc”，在下拉菜单中选择“Exponential Smoothing”，显示如图 3-8 所示的对话框。

以下 5 个信息需要用户来提供：①Smoothing　method 平滑方法有 5 种，分别是一次指数平滑法、二次指数平滑法、Holt-Winters 无季节指数平滑法、Holt-Winters 加法指数平滑法、Holt-Winters 乘法指数平滑法。选择其中一种，这里选择二次指数平滑法。②平滑参数有 3 个，实际操作中用户可以自行选择，当用户不指定参数具体值时，EViews 软件会根据误差平方和达到最小的准则自动估计平滑参数。③平滑预测的序列名。EViews 软件在原序列后加上“sm”作为平滑预测后的序列，用户也可以更改此平滑预测的名字。④估计

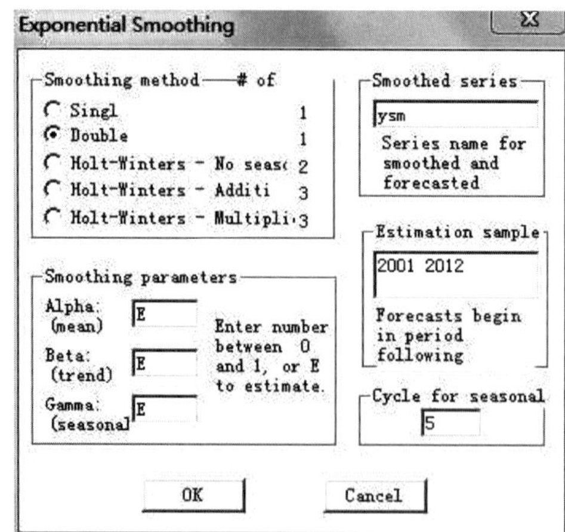

图 3-8 Exponenfial Smoothing 对话框

样本区间，EViews 软件默认的是工作文件的样本区间，在进行样本外预测时，用户必须修改样本区间。⑤季节循环数，其默认值是月度数据为 12，季度数据为 4，用户可以更改每年的季节数，这个选项用户可以根据数据特点赋予不同的循环数。

（3）预测结果。点击“OK”得到如图 3-9 所示的对话框。

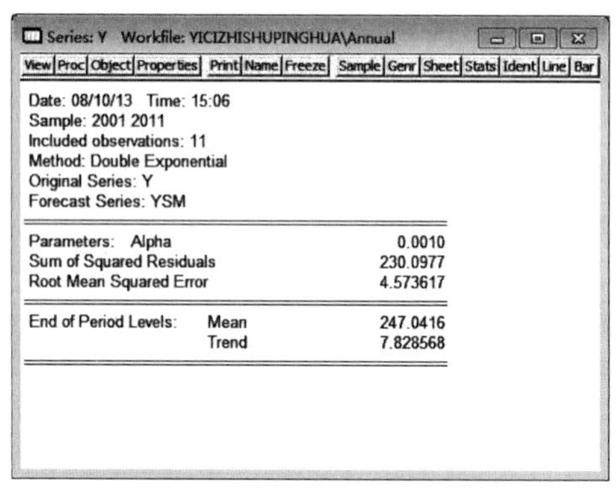

图 3-9 二次指数平滑结果

由于本章选择的是二次指数平滑预测法，只有一个平滑参数，这里根据误差平方和最小的原则计算出参数值为 0.001，误差平方之和为 230.0977，均方误差为 4.573617，模型中的均值项为 247.0416，修正趋势项为 7.828568。2012 年的销售额预测值为 254.8702（见图 3-10），而且每一年的预测值都已给出，可以计算出预测的相对误差。

3.4.3 Holt-winters 指数平滑法的实验步骤

（1）根据表 3-3 做序列时序图，观察数据特征，如图 3-11 所示。

由图 3-11 可知，样本数据具有明显固定周期变动，且有递增趋势，所以可以选择 Holt-Winters 加法指数平滑法、Holt-Winters 乘法指数平滑法来预测。

（2）调整样本区间，然后选择“Holt-Winter-Additive”进行预测，其 Holt-Winter 加

法指数平滑法结果如图 3-12 所示。

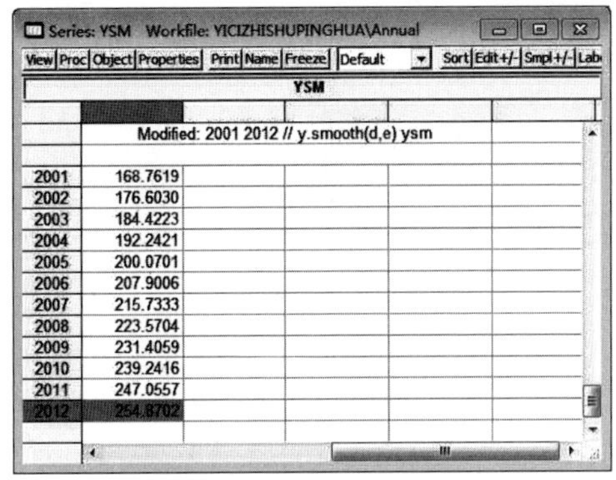
Series: YSM　Workfile: YICIZHISHUPINGHUA\Annual

YSM

Modified: 2001 2012 // y.smooth(d,e) ysm

2001	168.7619
2002	176.6030
2003	184.4223
2004	192.2421
2005	200.0701
2006	207.9006
2007	215.7333
2008	223.5704
2009	231.4059
2010	239.2416
2011	247.0557
2012	254.8702

图 3-10　预测结果

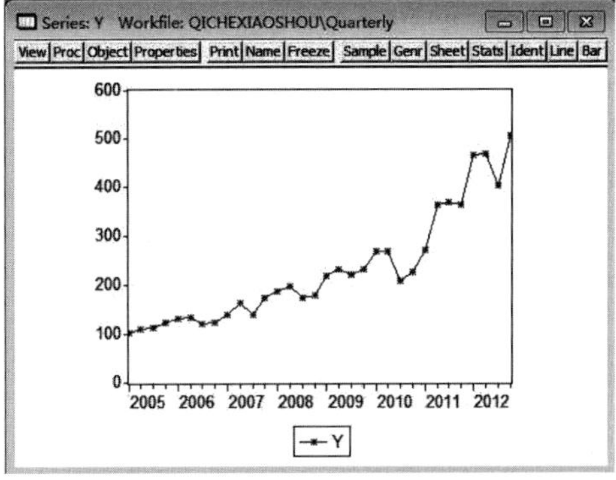

图 3-11　时序图

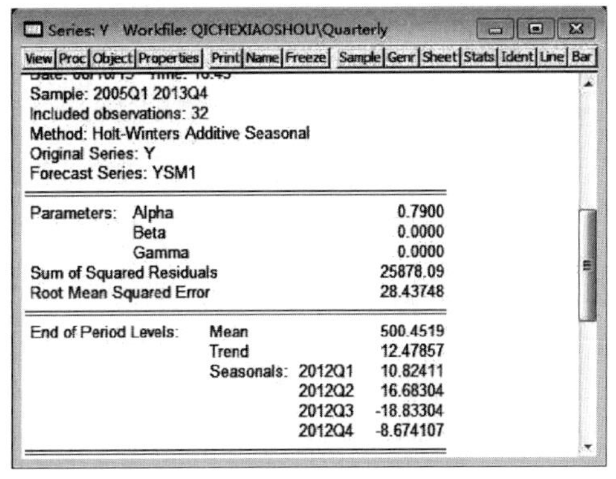
Series: Y　Workfile: QICHEXIAOSHOU\Quarterly

Sample: 2005Q1 2013Q4
Included observations: 32
Method: Holt-Winters Additive Seasonal
Original Series: Y
Forecast Series: YSM1

Parameters:	Alpha	0.7900
	Beta	0.0000
	Gamma	0.0000
Sum of Squared Residuals		25878.09
Root Mean Squared Error		28.43748
End of Period Levels:	Mean	500.4519
	Trend	12.47857
	Seasonals: 2012Q1	10.82411
	2012Q2	16.68304
	2012Q3	-18.83304
	2012Q4	-8.674107

图 3-12　Holt-Winter 加法指数平滑法结果

结果给出了参数值、模型中的均值、修正趋势项和季节指数。本章赋予 Holt-Winter 加法指数平滑法后的序列名为 YSM1，2013 年各季度值如图 3-13 所示。

（3）预测方法选择“Holt-Winters-Multiplicative”其 Holt-Winter 乘法指数平滑法结果如图 3-14 所示。

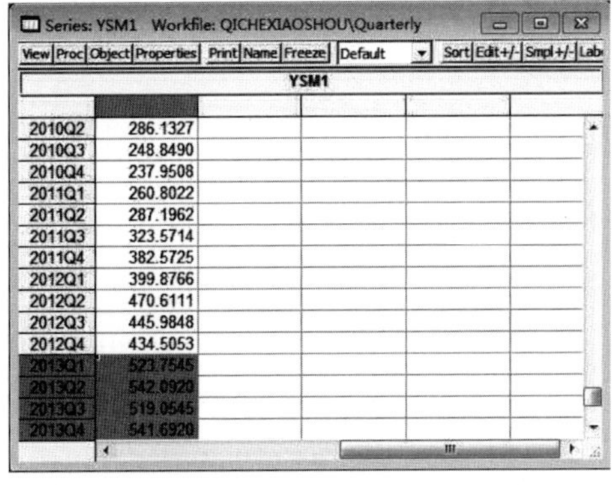
Series: YSM1　Workfile: QICHEXIAOSHOU\Quarterly

YSM1

2010Q2	286.1327
2010Q3	248.8490
2010Q4	237.9508
2011Q1	260.8022
2011Q2	287.1962
2011Q3	323.5714
2011Q4	382.5725
2012Q1	399.8766
2012Q2	470.6111
2012Q3	445.9848
2012Q4	434.5053
2013Q1	523.7545
2013Q2	542.0920
2013Q3	519.0545
2013Q4	541.6920

图 3-13　Holt-Winter 加法指数平滑法预测结果

Series: Y　Workfile: QICHEXIAOSHOU\Quarterly

Sample: 2005Q1 2013Q4
Included observations: 32
Method: Holt-Winters Multiplicative Seasonal
Original Series: Y
Forecast Series: YSM2

Parameters:	Alpha	0.9300
	Beta	0.1000
	Gamma	0.0000
Sum of Squared Residuals		22030.37
Root Mean Squared Error		26.23831
End of Period Levels:	Mean	533.8167
	Trend	23.77961
	Seasonals: 2012Q1	1.071959
	2012Q2	1.074471
	2012Q3	0.913859
	2012Q4	0.939711

图 3-14　Holt-Winter 乘法指数平滑法结果

与上述 Holt-Winter 加法指数平滑法的结果对比可知，Holt-Winter 乘法指数平滑法的误差平方与绝对均方误差都远远小于 Holt-Winter 加法指数平滑法，所以这里销售量的预测应选择 Holt-Winter 乘法指数平滑法。即 2013 年各季度销售量为 YSM2 中的预测数据，如图 3-15 所示。

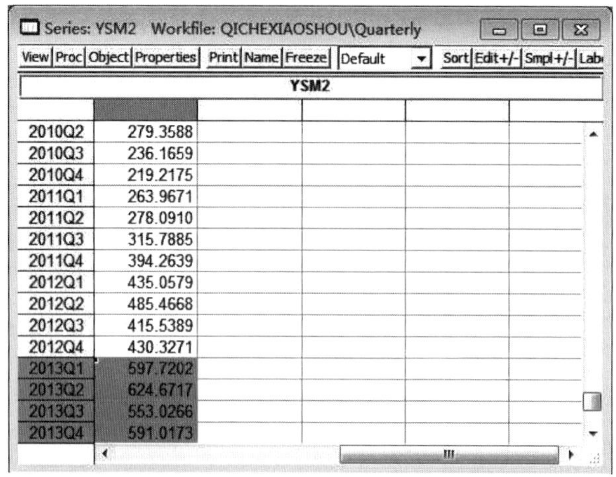

图 3-15　Holt-Winter 乘法指数平滑法预测结果

3.5　实验小结

通过本实验的学习能够更好地理解移动平均法和指数平滑法的基本原理；各模型适用条件及内在机理。能够灵活地掌握 Excel 软件实现一次移动平均法，二次移动平均法操作步骤及利用 EViews 软件实现一次指数平滑、二次指数平滑和霍尔特指数平滑法预测的操作流程。掌握一次移动平均法、二次移动平均法、一次指数平滑法、二次指数平滑法和霍尔特指数平滑法的预测模型形式。

3.6　练习实验

【实验 1】某公司过去 10 年的利润额如表 3-4 所示。

表 3-4　某公司过去 10 年的利润额　　单位：万元

年次	1	2	3	4	5	6	7	8	9	10
利润额	4232	4560	4321	4612	4624	4589	4633	4627	4668	4671

根据数据选择合适的步长，采用移动平均法预测第 11 年该公司的利润额。

【实验 2】某企业 2007 年第一季度至第 2012 年第四季度的销售额如表 3-5 所示，根据数据特点选择具体指数平滑方法对 2013 年每季度销售额进行预测。

表 3-5　企业 2007 年第一季度至 2012 年第四季度的销售额　　单位：万元

年份	季度	销售额	年份	季度	销售额
2007	1	362	2010	1	544
2007	2	385	2010	2	582
2007	3	432	2010	3	681
2007	4	341	2010	4	557
2008	1	382	2011	1	628
2008	2	409	2011	2	707
2008	3	498	2011	3	773
2008	4	387	2011	4	592
2009	1	473	2012	1	627
2009	2	513	2012	2	725
2009	3	582	2012	3	854
2009	4	474	2012	4	661

【实验 3】某企业 2012 年月销售额如表 3-6 所示。

表 3-6　2012 年某企业月销售额　　单位：元

月份	销售额	月份	销售额
1	28452	7	32503
2	28635	8	35340
3	28279	9	38726
4	30475	10	40736
5	33210	11	37915
6	32053	12	39150

（1）用一次移动平均法和二次移动平均法预测 2013 年 1 月的销售额。

（2）用一次指数平滑法、二次指数平滑法、Holt-Winter 指数平滑法预测 2013 年 1 月的销售额。

（3）解读上述方法预测的结果，通过对比选出对该企业销售额预测效果最优的一种方法并说明理由。

第 4 章　生长曲线趋势外推预测

4.1　实验目的

（1）采用市场调查方法收集各种不同产品的销售量或利润额（将学生分组）。

（2）分析各组样本数据特点并建立相应的生长曲线模型。

（3）利用 EViews 软件进行模型的估计和检验。

4.2　实验原理

所谓生长型曲线，是描述经济或者技术领域中的某些指标依时间推移而呈现出的增长、上升或下降趋势的一种特殊规律性曲线。通过运用生长型曲线的基本理论，分析其基本类型、特征、模式识别和参数估计方法，并通过软件实现简化运算。

4.2.1　生长曲线基本类型及其参数估计

4.2.1.1　多项式曲线趋势外推预测

多项式增长曲线的一般形式是：

$$\hat{y}=a_0+a_1t+a_2t^2+\cdots+a_mt^m \tag{4-1}$$

式（4-1）称为 m 次多项式。a_i（$i=0, 1, 2, \cdots, m$）是模型参数，t 是时间变量，$\hat{y}_t$ 是经济指标值。

如果 m 不超过 3，a_ii（=0，1，2，3）参数具有明确的经济意义，a_0 为 t=0 时经济指标初始值，a_1 可解释为增长的变化速度，a_2 为加速度，a_3 为加速度的变化率。

多项式增长型曲线的增长特征如下：

（1）若增长曲线是直线，则其一阶差分为常量。

（2）若增长曲线是二次抛物线，则其一阶差分是直线，二阶差分为常量。

（3）若增长曲线是三次抛物线，则其一阶差分是二次抛物线，二阶差分为直线，三阶差分为常量。

这种类型曲线的参数估计可通过若干次差分，检测多项式曲线的次数，然后用 y_t 对（t，t^2，$\cdots$，t^m）以多元线性回归模型的方式进行参数估计和预测。

4.2.1.1.1　二次多项式曲线模型及其应用

二次多项式预测模型：

$$\hat{y}_t = \beta_0 + \beta_1 t + \beta_2 t^2 \tag{4-2}$$

设有一组数据 y_1，y_2，…y_n，令 $Q(\beta_0, \beta_1, \beta_2) = \sum (y_t - \hat{y}_t)^2$ = 最小值。

通过微分得方程组：

$$\begin{cases} \sum y = n\beta_0 + \beta_1 \sum t + \beta_2 \sum t^2 \\ \sum ty = \beta_0 \sum t + \beta_1 \sum t^2 + \beta_2 \sum t^3 \\ \sum t^2 y = \beta_0 \sum t^2 + \beta_1 \sum t^3 + \beta_2 \sum t^4 \end{cases} \tag{4-3}$$

求得 β_0、β_1 和 β_2 三个参数。

选择二次多项式模型进行预测，必须使时间序列各数值的二级差分大致相等。

4.2.1.1.2　三次多项式曲线模型及其应用

三次多项式预测模型：

$$\hat{y}_t = \beta_0 + \beta_1 t + \beta_2 t^2 + \beta_3 t^3 \tag{4-4}$$

设有一组数据 y_1，y_2，…，y_n，令 $Q(\beta_0, \beta_1, \beta_2, \beta_3) = \sum (y_t - \hat{y}_t)^2$ = 最小值。

得方程组：

$$\begin{cases} \sum y = n\beta_0 + \beta_1 \sum t + \beta_2 \sum t^2 + \beta_3 \sum t^3 \\ \sum ty = \beta_0 \sum t + \beta_1 \sum t^2 + \beta_2 \sum t^3 + \beta_3 \sum t^4 \\ \sum t^2 y = \beta_0 \sum t^2 + \beta_1 \sum t^3 + \beta_2 \sum t^4 + \beta_3 \sum t^5 \\ \sum t^3 y = \beta_0 \sum t^3 + \beta_1 \sum t^4 + \beta_2 \sum t^5 + \beta_3 \sum t^6 \end{cases} \tag{4-5}$$

求得 β_0、β_1、β_2、β_3 参数。

选择三次多项式模型进行预测，必须使时间序列各数值的三级差分大致相等。

4.2.1.2　指数曲线趋势预测

形如 $\hat{y}_t = ab^t$ 称为指数增长曲线，其中 a、b 为模型参数，t 是时间变量。相关参数估计是通过把指数先通过变量代换（同取对数）转化为直线趋势，采用最小二乘法求参数 lna、lnb，然后取反对数得到 a、b 的值。它适合描述随时间推移而不断增长的现象。

但现实情况是，很多经济现象不会随着时间的推移无限增大，随着时间的推移，其增长的趋势可能会减缓甚至停滞。

指数曲线预测模型：

$$\hat{y}_t = ae^{bt}, \quad a>0 \tag{4-6}$$

对函数模型做线性变换得：

$$\ln y_t = \ln a + bt \tag{4-7}$$

令 $Y_t = \ln y_t$，$A = \ln a$ 则：

$$Y_t = A + bt \tag{4-8}$$

式（4-8）中 a、b 为待定参数，通过最小二乘法可求得。

指数曲线适用条件：选择指数曲线模型进行预测，必须使时间序列各数值的一阶差比率大致相等。

4.2.1.3 修正指数曲线趋势预测

形如 $\hat{y}_t=k+ab^t$ 称为修正指数增长曲线，其中 k、a、b 为模型参数，t 是时间变量。其参数估计一般采取三合法（三分组法）。通常的做法是先把整个时间序列的数据分成三组，使每组数据个数相等，然后通过各组数据之和求出参数的具体数值。

修正指数曲线预测模型：

$$y_t=a+bc^t,\ 0<c<1 \tag{4-9}$$

解 a，b，c 三个参数可应用分组法，设各组序列项数为 n，则

第一组变量总和为：

$$\sum_{i=0}^{n-1}{}_1 y_i = na + b(c^n - 1)/(c - 1) \tag{4-10}$$

第二组变量总和为：

$$\sum_{i=n}^{2n-1}{}_2 y_i = na + bc^n(c^n - 1)/(c - 1) \tag{4-11}$$

第三组变量总和为：

$$\sum_{i=2n}^{3n-1}{}_3 y_i = na + bc^{2n}(c^n - 1)/(c - 1) \tag{4-12}$$

整理得：

$$\begin{cases} c = \left(\dfrac{\sum {}_3 y - \sum {}_2 y}{\sum {}_2 y - \sum {}_1 y}\right)^{\frac{1}{n}} \\ b = \left(\sum {}_2 y - \sum {}_1 y\right)\dfrac{c - 1}{(c^n - 1)^2} \\ a = \dfrac{1}{n}\left\{\sum {}_1 y_i - b\dfrac{c^n - 1}{c - 1}\right\} \end{cases} \tag{4-13}$$

适用条件：当时间序列各期数值一阶差的一阶比率大致相等时，可选用修正指数曲线模型进行预测。

需要指出的是，当新产品投入市场后，需求量常常呈现为初期迅速增加，一段时期后增加速度降低，而增长量的环比速度又大体相等，最后发展水平趋向于某个正的常数极限。修正指数曲线模型正是用来描述这种发展趋势的理想工具。

4.2.1.4 生命周期曲线趋势预测

商品的生命周期一般经历进入、成长、成熟到衰退四个阶段，在不同的生长阶段，商品发展速度也不一样。进入时期成长速度较慢，由慢到快；成长时期增长速度较快；成熟时期，增长速度达到最快后逐渐变慢；衰退时期则停止增长。指数曲线模型不能预测在接近极限值时的增长特性，因为趋近极限值时，其数据值已不按照指数规律增长。这需要一种形状近似于 S 形的曲线（称为 S 曲线）。这里主要介绍两种最为常用的龚伯兹曲线和逻

辑增长曲线。

4.2.1.4.1　龚伯兹（Gompertz）曲线

龚伯兹曲线，是英国统计学家和数学家 Benjamin Gompertz 于 1820 年提出的，龚伯兹曲线是具有极限值的曲线。

当时间序列图形呈现为不对称的 S 形时，可用龚伯兹曲线描述。

（1）预测模型：

$$y = ka^{b^t}$$

（2）曲线的特征。令 $\hat{y}=0$，可求得曲线拐点位置为（ln（ln（$1/a$））/ln$b$，k/e）。

当 $k>0$，$0<a<1$，$0<b<1$ 时，$\hat{y}$ 为增函数，随 t 的增加而增大。且在拐点（ln（ln（$1/a$））/ln$b$，k/e 处出现转折，即 $\hat{y}$ 的增长率由逐渐增大转变为逐渐减小。

（3）曲线的渐近线。当 $t=0$ 时，$\hat{y}=ka$；当 $t\to-\infty$，$b^t\to\infty$，$a^{b^t}\to0$，有 $\hat{y}\to0$；当 $t\to+\infty$，$b^t\to0$，$a^{b^t}\to1$，有 $\hat{y}\to k$；所以 $\hat{y}=0$ 和 $\hat{y}=k$ 都是它的渐近线。

（4）曲线的意义。龚伯兹曲线是分析、预测商品生命周期的有用工具，多用于新商品的进入、成长、成熟、衰退分析。特别适用于对处在成熟期的商品进行预测。

关于龚伯兹曲线内容的问题：

前提：龚伯兹曲线是分析商品生命周期的。

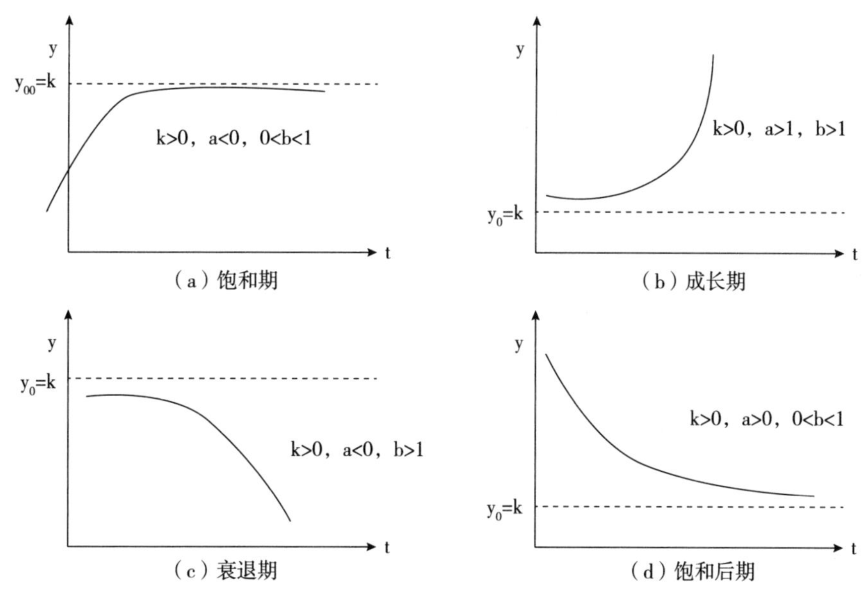

（a）饱和期　（b）成长期

（c）衰退期　（d）饱和后期

应根据 a、b 的值未判断商品在哪个阶段。

（1）但本书的内容在 P60 中，设定 $k>0$，$0<a<1$，$0<b<1$ 并讨论在这些条件下，当 $t\to00$ 时 $y\to0$，这个设定不符合现实，其原因：①t 不可能为负数，因为 t 代表时间；②$k>0$，$0<a<1$，$0<b<1$ 这个条件也是该曲线没有规定的，因为在 P61 中“所处阶段判定”内容也有 $b>1$ 的情况，所以 $k>0$，$0<a<1$，$0<b<1$ 的条件是没有必要的，其分析也是没有必要的。

（2）在 P61“所处阶段的判断”中是利用 b 和 lna 的值来进行判定，这样判定更加复杂，不如用 a、b 的值来进行判定更好。

(3) 在该内容增加本页的 4 个图会让读者更容易理解。

商品生命周期按销量可分为：

进入期：试销阶段，销量少、成本较高，处于亏本状态。

成长期：销售量增长迅速，成本开始下降，利润增长较快，竞争者开始进入市场。

成熟期：两个阶段。成熟前期，销售量缓慢增长阶段，接近最大销售量，总利润较多但增长较慢。成熟后期，销售量缓慢下降阶段，购买高潮已过，市场保有量已达到一定程度，需求量逐渐下降，总利润开始下降，新产品出现。

衰退期：销售量迅速下降阶段。原商品达到饱和，已不具有竞争力，被市场淘汰，企业无利可图，停止生产。

(5) 所处阶段的判断。利用半对数曲线判定：

当 $0<b<1$，$\ln a<0$ 时，商品生命处于成长后期，即进入成熟期，这时由于 $0<b<1$，b^t 随 t 增大而减小。市场销量仍在增长。但增长速度开始变缓。

当 $b>1$，$\ln a<0$，商品生命处于衰退前期，市场销量达到饱和状态或有替代品进入市场致使销量开始下降。

当 $0<b<1$，$\ln a>0$，商品生命处于衰退后期，市场销量迅速下降。部分顾客仍有需求，但终因需求量大大减少使商品退出市场。

当 $b>1$，$\ln a>0$ 时，商品生命处于成长前期，市场销量会迅速上升。

龚伯兹曲线多用于技术创新的研制、发展、成熟和衰退分析。工业产品寿命一般可分为四个时期：一是萌芽期；二是畅销期；三是饱和期；四是衰退期。龚伯兹曲线特别适宜于对处在成熟期的产品进行预测。

龚伯兹曲线预测模型

$$\hat{y} = ka^{b^t} \tag{4-14}$$

式中，k，a，b 为待定参数，t 是时间变量。参数 k、a 和 b 的不同取值，决定龚伯兹曲线的不同形式，用以描述不同产品生命周期的具体规律。

对该预测模型两端取对数，得

$$\lg\hat{y} = \lg k + b^t \lg a \tag{4-15}$$

这是一种修正的指数型曲线。

4.2.1.4.2 逻辑（Logistic）曲线

逻辑曲线是由比利时数学家维哈尔斯特（P. F. Veihulst）在研究人口增长规律时提出来的，它又被称为生长理论曲线。

逻辑曲线多用于技术创新扩散、人口发展统计，也适用于对产品生命周期进行分析预测，尤其适用于分析和预测处在成熟期的商品。

(1) 逻辑曲线模型：

$$\hat{y}_t = \frac{k}{1 + ae^{-bt}} \tag{4-16}$$

式（4-16）中 k 为变量 y_t 的极限值，a、b 为常数，t 为时间变量。

其参数估计最常用的是倒数总和法。两端取倒数，得：

$$\hat{y}_t^{-1} = \frac{1 + ae^{-bt}}{k} \quad (4-17)$$

然后线性化。

（2）曲线特征为。令 $\hat{y}t=0$，可求得曲线拐点为（（$lnk-lna$）$/lnb$，$1/2k$）。

当 $k>0$，$a>0$，$0<b<1$ 时，由 $lnb<0$，所以 $\hat{y}t/>0$，此时，$\hat{y}t$ 为增函数，即 $\hat{y}t$ 随 t 的增加而增加，并且在点((（$lnk-lna$）$/lnb$，$1/2k$）出现转折，$\hat{y}t$ 的增长率由逐渐增加变为逐渐减小。

当 $t=0$ 时，$\hat{y}t=1/$（$k+a$）；当 $b\to-\infty$ 时，$\hat{y}t\to0$；当 $t\to+\infty$ 时，$\hat{y}t\to1/k$，所以 $\hat{y}t=0$ 和 $\hat{y}t=1/k$ 都是逻辑曲线的渐近线，也是一条 S 形曲线，且对于拐点是对称的。该曲线描述经济变量由开始增长缓慢，随后增长速度加快到一定程度后，增长率逐渐减慢。

4.2.2　模型识别方法

4.2.2.1　目测法

最简单的增长曲线模型识别方法是目测法，通过绘制以时间 t 为横轴，观察值或它的对数值为纵轴的散点图，根据其变化动态构成的图像，结合增长曲线的特征选择合适曲线。一般而言，若动态序列接近一条直线，则选择直线趋势模型；若对数值与时间 t 的散点图接近一条直线则选择简单指数曲线。

4.2.2.2　增长特征法

所谓增长特征法就是以研究动态序列的增长变化特征与增长曲线的特征为基础的一种识别方法。其基本原则就是选择增长曲线在理论上的变化规律与样本序列的实际变化规律最接近的一种曲线来作为最优曲线。其应用步骤如下：

（1）计算样本序列的滑动平均值，以消除样本序列的随机干扰成分，突出固有趋势。

$$\bar{y}_t = \frac{\sum_{i=t-p}^{t+p} y_i}{2p + 1} \quad (4-18)$$

式（4-18）中的（$2p+1$）为滑动时长。

（2）计算序列的平均增长。计算公式为：

$$\bar{u}_t = \frac{\sum_{i=-p}^{p} i\bar{y}_{t+i}}{\sum_{i=-p}^{p} i^2} \quad (4-19)$$

主要是因为在对动态序列选择趋势线时，是以时间原点作为序列的中心点进行计算的。

（3）计算序列的增长特征。根据不同类型增长曲线的增长特征，识别序列属于何种增长曲线类型，增长曲线模型特征识别如表 4-1 所示。

表 4-1　增长曲线模型特征识别

样本序列的平均增长特征	增长特征依时间变化的性质	曲线类型的识别
$\bar{u}_t$	基本一样	直线
$\bar{u}_t$	线性变化	二次抛物线
$\bar{u}_t^{(1)} = \bar{u}_t - \bar{u}_{t-1}$	线性变化	三次曲线
$\frac{\bar{u}_t}{\bar{y}_t}$	基本一样	指数曲线
$\frac{\bar{u}_t}{\bar{y}_t}$	线性变化	双指数曲线
$\lg\bar{u}_t$	线性变化	修正指数曲线
$\lg\frac{\bar{u}_t}{\bar{y}_t}$	线性变化	龚伯兹曲线
$\lg\frac{\bar{u}_t}{\bar{y}_t^2}$	线性变化	逻辑曲线

4.3　多项式曲线预测实验

4.3.1　实验数据

某商店某种商品的销售量如表 4-2 所示。

表 4-2　某商品销售量　　单位：万件

年份	2003	2004	2005	2006	2007	2008	2009	2010	2011
销售量	10.0	18.0	25.0	30.5	35.0	38.0	40.0	39.5	38.0

试预测 2012 年的销售量。

4.3.2　实验步骤

（1）计算差分如表 4-3 所示。

表 4-3　差分计算

y	10.0	18.0	25.0	30.5	35.0	38.0	40.0	39.5	38.0
一阶差分	—	8.0	7.0	5.5	4.5	3.0	2.0	-0.5	-1.5
二阶差分	—	—	-1.0	-1.5	-1.0	-1.5	-1.0	-2.5	-1.0

由表 4-3 可知，该时间序列观察值的二阶差分大致相当，确定选用二次多项式曲线模型进行预测。

（2）求模型的参数，估计标准误差如表 4-4 所示。

表 4-4　估计标准误差计算

年份	时序 t	Y	t^2	t^4	ty	t^2y
2003	-4	10.0	16	256	-40.0	160.0
2004	-3	18.0	9	81	-54.0	162.0
2005	-2	25.0	4	16	-50.0	100.0
2006	-1	30.5	1	1	-30.5	30.5
2007	0	35.0	0	0	0.0	0.0
2008	1	38.0	1	1	38.0	38.0
2009	2	40.0	4	16	80.0	160.0
2010	3	39.5	9	81	118.5	355.5
2011	4	38.0	16	256	152.0	608.0
合计	0	274.0	60	708	214.0	1614.0

首先在 eViews 中点击“File”→“New”→“Workfile”弹出如图 4-1 所示的对话框。

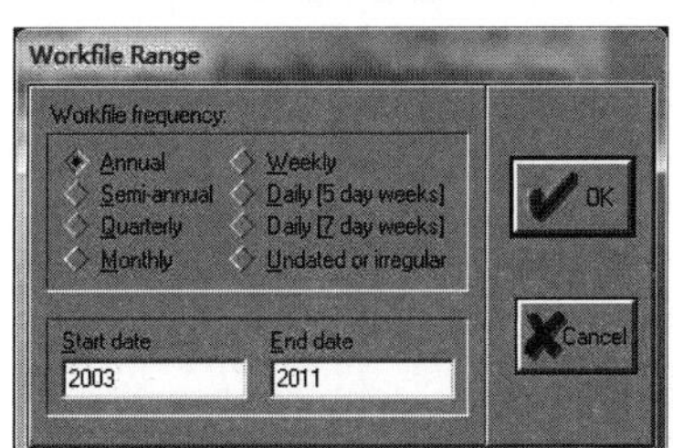

图 4-1　创建工作文件

在命令框中输入 data y t 得到如图 4-2 所示的界面：

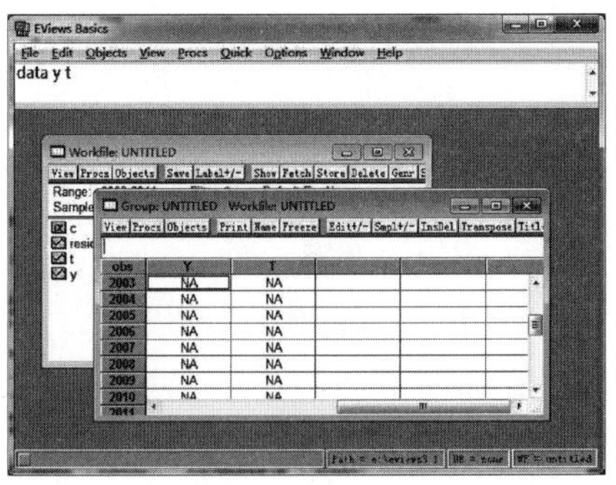

图 4-2　数据录入窗口

将数据粘贴到数据框中，单击“Genr”生成 t^2 序列，由于在 eViews 中不能直接输入 t^2，所以我们用 t^2 来表示，如图 4-3 所示。

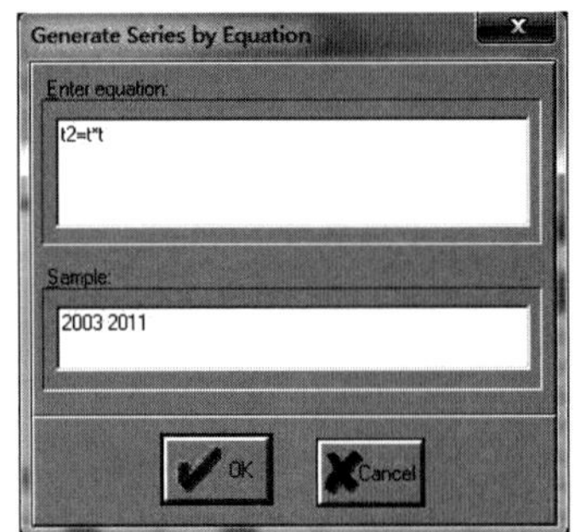

图 4-3　设置 t^2

在命令框中输入 Lsyctt2 后按“回车”键得出回归结果，如表 4-5 所示。

Dependent Variable：Y

Method：Least Squares

Date：12/01/13　Time：00：47

Sample：2003 2011

Included observations：9

表 4-5　回归结果

Variable	Coefficient	Std. Error	t-Statistic	Prob.
C	35. 04762	0. 161707	216. 7349	0. 0000
T	3. 566667	0. 041308	86. 34328	0. 0000
T2	-0. 690476	0. 018232	-37. 87167	0. 0000
R-squared	0. 999325	Mean dependent var		30. 44444
Adjusted R-squared	0. 999101	S. D. dependent var		10. 66960
S. E. of regression	0. 319970	Akaike info criterion		0. 820024
Sum squared resid	0. 614286	Schwarz criterion		0. 885766
Log likelihood	-0. 690108	F-statistic		4444. 713
Durbin-Watson stat	1. 530749	Prob（F-statistic）		0. 000000

将表 4-5 的数据代入一个三元方程组如下

$$\begin{cases}274 = 9\beta_0 + 60\beta_2 \\ 214 = 60\beta_1 \\ 1614 = 60\beta_0 + 708\beta_2\end{cases}$$

解得 $\beta_0 = 35.05, \beta_1 = 3.57, \beta_2 =- 0.69$

二次多项式曲线模型为：

$$y_t = 35.05 + 3.57t - 0.69t^2$$

该公式设原点为 2007 年。

第三步，进行预测。要预测 2012 年的销售量，则 t=5：$y_{2012} = 35.05 + 3.57 \times 5 - 0.69 \times 25 = 35.65$（万件）

4.3.3　实验小结

首先在建立模型的时候，要计算差分值来选择模型，即利用差分法把原时间序列转换为平稳序列。选择恰当的模型是建立模型的关键。

如果时间序列各期数值的一阶差分相等或大致相等，就可以选择一次（线性）模型进行预测；如果时间序列各期数值的二阶差分相等或大致相等，就可以选择二次（抛物线）模型进行预测；如果时间序列各期数值的一阶差比率相等或大致相等，就可以选择指数模型进行预测；如果时间序列各期数值的一阶差的一阶比率相等或大致相等，就可以选择修正指数曲线模型进行预测。

4.4　龚伯兹曲线预测实验

4.4.1　实验数据

某公司 2003~2011 年的实际销售额资料如表 4-6 所示，试利用龚伯兹曲线预测 2012 年的销售额。

表 4-6　2003~2011 年某公司的实际销售情况

年份	时序	销售额 y（万元）	lgy
2003	0	4. 94	0. 6937
2004	1	6. 21	0. 7931
2005	2	7. 18	0. 8561
$\sum$ Ⅰlgy	—	—	2. 3429
2006	3	7. 74	0. 8887
2007	4	8. 38	0. 9232
2008	5	8. 45	0. 9269
$\sum$ Ⅱlgy	—	—	2. 7388
2009	6	8. 73	0. 9410
2010	7	9. 42	0. 9741
2011	8	10. 24	1. 0103
$\sum$ Ⅲlgy			2. 9254

4.4.2　实验步骤

（1）计算参数 k、a 和 b 有：

$$b^3 = \frac{\sum \text{Ⅲ}\lg y - \sum \text{Ⅱ}\lg y}{\sum \text{Ⅱ}\lg y - \sum \text{Ⅰ}\lg y}$$

代入得 b = 0.7782。

$$\lg a = (\sum \text{II} \lg y - \sum \text{I} \lg y) \bullet \frac{b-1}{(b^n-1)^2}$$

代入得 a = 0.4852。

$$\lg k = \frac{1}{n}(\sum \text{I} \lg y - \frac{b^n-1}{b-1} \cdot \lg a)$$

代入得 k = 10.73。

（2）把 k、a 和 b 代入 $y = ka^{b^t}$，即可得预测模型：

$$y_t = 10.73 \times 0.4852^{0.77829}$$

（3）进行预测：

$$y_{2012} = 10.73 \times 0.4852^{0.77829} = 9.948(\text{万元})$$

由上述计算得知，市场饱和点的需求量为 K = 10.73 万元，2011 年的销售量已达到 10.24 万元，2012 年预测销售量可达 9.948 万元。产品处于生命周期的成熟阶段，销售量已无增长前景，并可能在某一时刻转入下降趋势。

4.4.3 实验小结

指数曲线不能预测带有极限值的样本，因为这时样本的发展不按指数规律增长。如果考虑极限值的影响，就会发现事物经历进入、成长、成熟到衰退的过程，因为这条曲线形状近似于 S 形，所以又称 S 曲线，即龚伯兹曲线。

就整个社会或地区来讲，市场容量是不断扩大的。但是，就具体商品来讲，总要经过进入市场、销售量增长、市场饱和、销售量下降这四个阶段。特别是轻工产品的销售额，大部分都遵循“增长缓慢→迅速增加→维持→定水平→逐步减少”的规律发展变化。龚伯兹曲线是预测各种商品容量的最佳拟合线。如果一组统计数据对数一阶差的比率大致相等，就可选用龚伯兹曲线进行预测。

4.5 逻辑曲线模型预测实验

4.5.1 实验数据

实验数据如表 4-7 所示。

表 4-7 内蒙古自治区国际旅游事业发展情况

年份	入境旅游人数（人次）	旅游外汇收入（百万美元）	年份	入境旅游人数（人次）	旅游外汇收入（百万美元）	年份	入境旅游人数（人次）	旅游外汇收入（百万美元）
1980	9800	0.50	1982	10200	0.64	1984	10300	0.70
1981	10500	0.55	1983	10600	0.61	1985	14300	0.82

续表

年份	入境旅游人数（人次）	旅游外汇收入（百万美元）	年份	入境旅游人数（人次）	旅游外汇收入（百万美元）	年份	入境旅游人数（人次）	旅游外汇收入（百万美元）
1986	12000	0.73	1994	316500	87.50	2002	439405	149.00
1987	19300	1.08	1995	300900	90.52	2003	413639	138.45
1988	17100	1.41	1996	314800	93.50	2004	799861	253.30
1989	7800	0.68	1997	348400	107.00	2005	1001635	352.00
1990	12300	1.37	1998	368983	126.00	2006	1223456	403.79
1991	61100	12.20	1999	368422	120.00	2007	1494500	544.85
1992	101300	20.26	2000	391900	126.00	2008	1549328	577.18
1993	188700	37.73	2001	399851	137.40	2009	1289600	558.00

4.5.2　实验步骤

在 SPSS Data Editor 窗口的 Variable View 界面定义 2 个变量，即时间（t）和待测指标（y），在此，本实验以旅游外汇收入 Y 来研究变量的生长曲线。在 Data View 界面中，按测定时间自上而下依次输入数据。

SPSS 软件生长曲线过程如下：

（1）在“Analyze”命令下选择“Regression”中选择“Curve”，如图 4-4 所示。

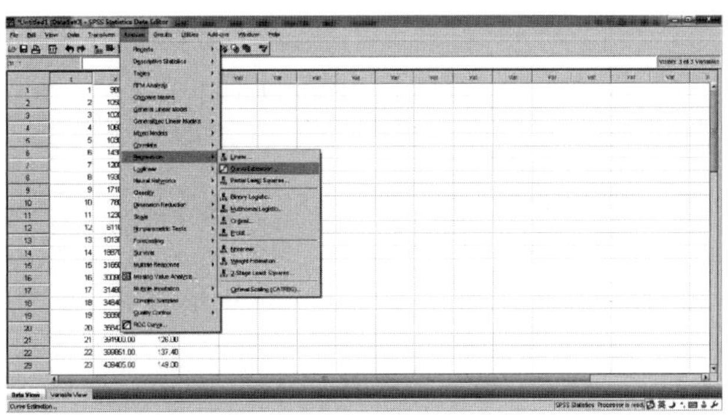

图 4-4　曲线回归图示

（2）曲线回归（Curve Estimation Regression）过程在 SPSS Data Editor 界面下按“Analyze”→“Regression”→“Curve Estimation”顺序打开如图 4-5 所示的对话框。接着将左框内的 y 选入右侧 Dependent 框内，t 选入“Independent”的“Variable”框中作为自变量。然后在“Models”栏中选择所有的模型，另外，选择“Display ANOVA table”（进行方差分析并输出检验结果），其他设为默认值。单击“OK”按钮，计算机运行选定的程序。

结果在 Output 窗口中显示，主要有方差分析、拟合度以及待定参数等。将所有拟合的曲线绘制成一个综合图提取出来，如图 4-6 所示。

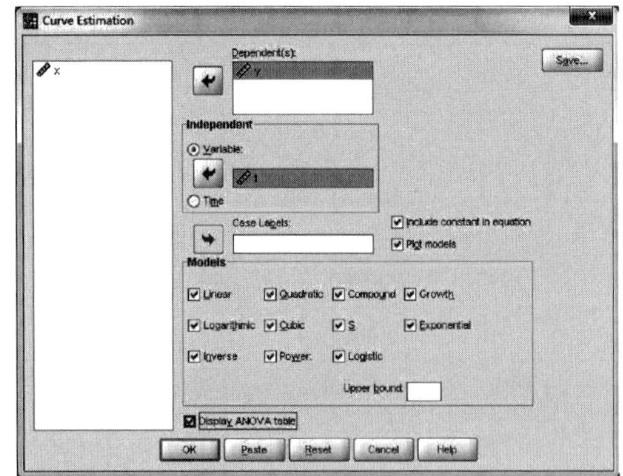

图 4-5　曲线回归

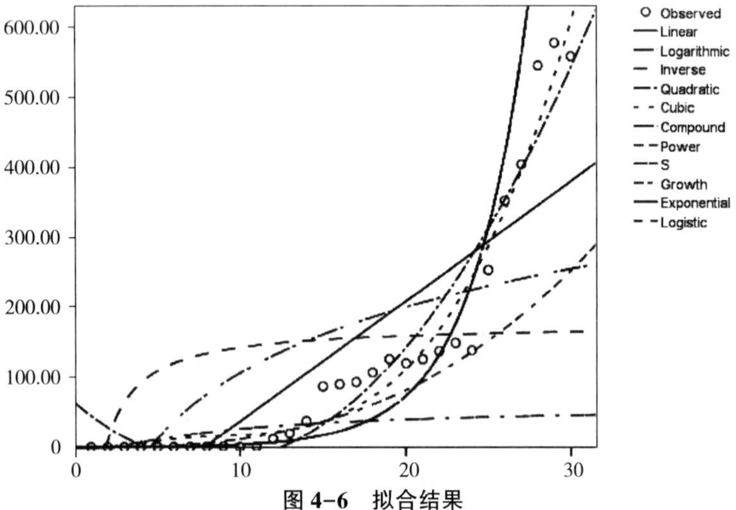

图 4-6　拟合结果

并做 y 的线性图如图 4-7 所示。

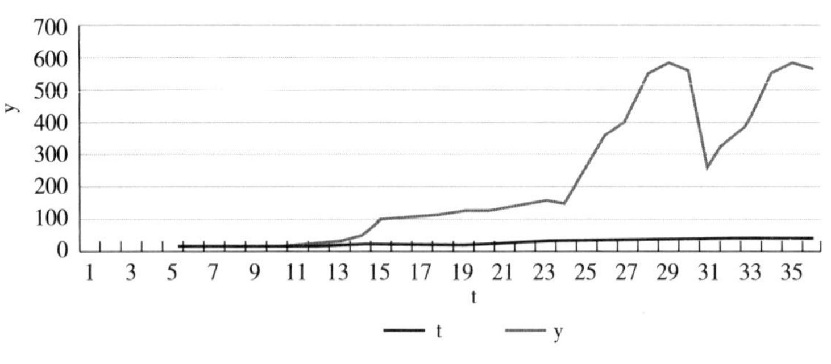

图 4-7　线性结果

将上面两个图进行比较可知，该项外汇收入渐进呈现 Logistic 曲线。

Logistic 曲线方程表达式为 Y=A1+Be-kt，回归结果为 lnY-1nA=ln（b_0）+ln（b_1），输出参数值为 b_0、b_1，所以 k = ln(b_1)，B = b_0 × A'。将 A、K、B 值代入上式中，即得 Logistic 曲线方程式。

$P_1 = 7.23E08/(1 + e^{10.943 - 0.167t})$

$R^2 = 0.974$

$P_2 = 2511.00/(1 + e^{6.972 - 0.197t})$

$R^2 = 0.983$

$y_1 = 1800.309/(1 + e^{6.73 - 0.20t})$

$R^2 = 0.963$

$$y = \frac{k}{1 + ae^{-bt}}$$

其线性方法：①对上式取倒数得：$\frac{1}{y} = \frac{1 + ae^{-bt}}{k}$。②两边同乘 k，得 $\frac{k}{y} = 1 + ae^{-bt}$，$k$ 为该曲线极限上值。③把 1 移到左边，得 $\frac{k}{y} - 1 = ae^{-bt}$。④两侧取对数，得 $\ln(\frac{k}{y} - 1) = \ln a - bt$，令 $y^* = \ln(\frac{k}{y} - 1)$，$\beta_0 = \ln a$，$\beta_1 = b$，则有 $y^* = \ln a - bt = \beta_0 + \beta_t t$，求 β_0，β_1 即可。

所以，估计方法应该为：①$\ln(\frac{k}{y} - 1) = \beta_0 + \beta_1 t$，$k$ 为曲线极限上值，已知的；②求出 β_0，β_1；③ 再转换成 $y = \frac{k}{1 + ae^{-bt}}$ 的形式。

进而的预测结果如表 4-8 所示：

表 4-8　内蒙古自治区入境旅游人数与旅游外汇收入预测

年份	入境旅游人数 实际值（万人次）	入境旅游人数 预测误差（%）	入境旅游人数 预测值（万人次）	旅游外汇收入 实际值（百万美元）	旅游外汇收入 预测误差（%）	旅游外汇收入 预测值（百万美元）
2005	100.16	-5.01	95.15	352.00	-5.16	333.83
2006	122.35	-10.91	109.00	403.79	-2.24	394.73
2007	149.45	-17.15	123.83	544.85	-14.98	463.24
2008	154.93	-10.02	139.41	577.18	-6.60	539.07
2009	178.96	20.58	155.50	602.37	11.39	621.55
2010	—	—	171.80	—	—	709.55
2011	—	—	187.99	—	—	801.53
2012	—	—	203.78	—	—	895.65
2013	—	—	218.90	—	—	989.87
2014	—	—	233.11	—	—	1082.14
2015	—	—	246.25	—	—	1170.59

4.6　实验小结

通过本实验，我们理解了逻辑曲线预测的基本原理以及该曲线所具有的特征，掌握了基本分析方法及基本步骤；利用统计软件结合具体案例进行分析，并进行预测精度的比较；具备利用逻辑曲线预测方法解决具有生命周期经济现象的能力。

4.7　练习实验

【实验 1】某市 2007~2013 年棉布产量时间序列资料如表 4-9 所示，试建立合适的模型预测 2014 年的棉布产量。

表 4-9　某市棉布产量历年数据　　单位：亿米

年份	2007	2008	2009	2010	2011	2012	2013
棉布产量	252	340	374	379	375	385	430

【实验 2】某养鱼场为了提高经营管理水平，需要对养鱼场的年捕捞量进行预测。现有以下数据（见表 4-10），试建立多项式曲线模型，预测 2014 的捕捞量。

表 4-10　某养鱼场的年捕捞量　　单位：千克

年份	2007	2008	2009	2010	2011	2012	2013
捕捞量	2790	2950	3140	3350	3588	3862	4168

【实验 3】根据表 4-11，用修正指数曲线模型预测 2013 年取暖器的销售量，并说明其最高限度。

表 4-11　取暖器的销售量　　单位：台

年份	销售量	年份	销售量
2004	46000	2009	56085
2005	49000	2010	57088
2006	51400	2011	57900
2007	53320	2012	58563
2008	54856		

【实验 4】某新产品 16 个月的销售量数据如表 4-12 所示。

表 4-12　某新产品 16 个月的销售量　　单位：万件

月份	1	2	3	4	5	6	7	8
销售量	0.75	0.50	0.60	0.80	1.02	1.50	2.05	2.38
月份	9	10	11	12	13	14	15	16
销售量	2.65	2.75	2.84	4.90	2.95	2.84	2.90	2.80

试用龚伯兹曲线模型预测第 17 个月的销售量。

【实验 5】已知某地助动车和冰箱的销售量如表 4-13 所示，试求出龚伯兹曲线模型，然后计算 2011~2015 年每一年的预测值。

表 4-13　某地助动车和冰箱的销售量

年份	助动车销售量（万辆）	冰箱销售量（万台）	年份	助动车销售量（万辆）	冰箱销售量（万台）
1996	1.4338	1.0980	2004	2.0664	5.6370
1997	1.4799	0.0750	2005	2.6640	5.7220
1998	0.9206	0.0730	2006	3.0810	7.6460
1999	1.2522	1.9870	2007	4.0506	10.1830
2000	1.5923	2.5000	2008	4.4130	12.4180
2001	1.9496	3.4440	2009	5.1880	17.9800
2002	2.0652	3.9170	2010	7.6100	22.7570
2003	1.9814	4.5040			

【实验 6】已知某地区 1991~2001 年的人口资料（见表 4-14），试用 Logistic 曲线模型预测该地区 2012~2017 年的人口总量。

表 4-14　1991~2001 年某地区的人口资料　　单位：万人

年份	人口数	年份	人口数	年份	人口数	年份	人口数
1991	2626	2002	3390	1997	3033	2008	3707
1992	2639	2003	3457	1998	3103	2009	3751
1993	2707	2004	3513	1999	3172	2010	3792
1994	2801	2005	3561	2000	3253	2011	3827
1995	2875	2006	3615	2001	3316	—	—
1996	2957	2007	3663				

第 5 章　随机时间序列预测

5.1　实验目的

（1）了解 ARMA 预测模型的基本概念、基本原理及建模过程。

（2）掌握平稳时间序列的检验方法，白噪声序列是模型检验的方法。

（3）掌握 ARMA 模型的具体类型、扩展类型 ARIMA、模型算法、模型检验、模型优化及模型预测。

（4）掌握利用 EViews 软件实现 ARMA 模型的整个建模及各种检验流程，掌握运用 EViews 软件和 AR 模型、MA 模型、ARMA 模型、ARIMA 模型的点预测和区间预测。

5.2　实验原理

ARMA 模型是从时间序列自相关的角度揭示时间序列的发展规律，它的思想源于事件的发展具有一定的惯性，而这种惯性用统计语言描述就是序列值之间存在一定的相关关系，并且这种相关关系具有一定的统计规律，本章所要做的就是通过分析相关关系找出这种规律，并用适当的模型来拟合这种规律，进而利用这种拟合模型来预测将来的走势。

5.2.1　样本自相关函数

如果样本观察值为 y_1，y_2，…，y_n，本章给出延迟 k 阶的自相关函数估计值，即样本自相关函数：

$$\hat{\rho}_k = \frac{\sum_{t=1}^{n-k}(y_t - \bar{y})(y_{t+k} - \bar{y})}{\sum_{t=1}^{n}(y_t - \bar{y})^2}$$

$$\text{其中，}\bar{y} = \sum_{t=1}^{n}\frac{y_t}{n}\text{。} \qquad (5-1)$$

自相关函数说明了样本数据不同时期之间的相关程度。其取值范围在［-1，1］，$|\hat{\rho}_k|$ 越接近 1，则说明时间序列的自相关程度越高。反之如果 $|\hat{\rho}_k|$ 越接近于 0，则说明时间序列的自相关程度越低。

5.2.2　样本偏自相关函数

在时间序列中，偏自相关函数是给定了 y_{t-1}，y_{t-2}，…，y_{t-k+1} 的条件下，y_t 与滞后期 k 时间序列的条件相关。它用来度量在其他滞后 1，2，3，…，$k-1$ 期时间序列的作用已知的条件下，单纯的 y_t 与 y_{t-k} 的相关程度。设样本观察值为 y_1，y_2，…，y_n，可以给出样本偏自相关函数：

$$\hat{\varphi}_{kk}=\begin{cases}\hat{\rho}_1 \\ \dfrac{\hat{\rho}_k-\sum\limits_{j=1}^{k-1}\hat{\phi}_{k-1,j}\hat{\rho}_{k-j}}{1-\sum\limits_{j=1}^{k-1}\hat{\phi}_{k-1,j}\hat{\rho}_{k-j}}\end{cases} \tag{5-2}$$

其中：$\hat{\phi}_{k,j}=\hat{\phi}_{k-1,j}-\hat{\phi}_{k,k}\hat{\phi}_{k-1,k-j}$。

5.2.3　平稳时间序列概念

设时间序列$\{y_t\}$取自某一随机过程，如果此随机过程的随机特征不随时间变化，则称该过程是平稳的；假如该随机过程的随机特征随时间的变化而变化，则称该过程是非平稳的。关于平稳随机过程有两种定义方法。

5.2.3.1　宽平稳序列

5.2.3.1.1　定义

如果$\{Y_t\}$满足如下三个条件：则称$\{Y_t\}$为宽平稳序列。宽平稳也称为弱平稳或二阶平稳。

（1）任取 $t\in T$，有 $EY_t^2<\infty$。

（2）任取 $t\in T$，$EY_t=\mu$，μ 为常数。

（3）任取 t，s，$k\in T$，且 $k+s-t\in T$，有 $\gamma(t,s)=\gamma(k,k+s-t)$。

5.2.3.1.2　性质

宽平稳序列有以下三个性质：①常数均值；②常数方差；③自协方差和自相关系数只与时间的平移长度有关而与时间的起止点无关。

5.2.3.2　严平稳序列

严平稳序列定义比较严谨，它要求时间序列所有的统计性质都不会随着时间的变化而变化，在研究经济的实际问题中，我们遇见的时间序列多为宽平稳，因此如果不加特殊注明，所说的平稳序列均指的是宽平稳时间序列。

5.2.4　白噪声序列

如果时间序列$\{Y_t\}$满足如下条件，则称$\{Y_t\}$为白噪声序列，也称纯随机序列。

（1）任取 $t\in T$，$EY_t=\mu$，μ 为常数。

（2） $\forall t, s \in T \gamma(t, s)=\begin{cases}\sigma^2, & t=s \\ 0, & t \neq s\end{cases}$。

通过定义可以得知，白噪声序列也具有常数均值、常数方差，自协方差和自相关系数为零，当然与时间的起止点无关，所以白噪声序列是一种特殊的宽平稳时间序列。

5.2.5 平稳时间序列（ARMA）模型的形式

ARMA 模型是 20 世纪 70 年代由伯克斯（G. E. P. Box）和詹金斯（G. M. Jenkins）提出的时域分析方法，它的建模思想源于事物发展具有一定的惯性，而这种惯性体现在其时间序列前后具有一定的关联性，ARMA 模型从时间序列$\{y_t\}$出发，依据其自身变化规律，利用外推机制提取时间序列前后关联性，以达到预测的目的，ARMA 模型从识别、估计、诊断及预测方面建立了一套完整、正规的建模体系，并且具有牢固的理论基础。ARMA 最基本的模型有三种形式。

5.2.5.1 自回归模型 AR（p）

如果时间序列$\{y_t\}$能表示成其自身滞后 1 期、滞后 2 期、直到滞后 p 期线性回归模型的形式，即：

$$y_t=\phi_1 y_{t-1}+\phi_2 y_{t-2}+\cdots+\phi_p y_{t-p}+u_t \tag{5-3}$$

其随机扰动项$\{u_t\}$是独立同分布非随机变量序列，并且对于任意的 t，$E(u_t)=0$，$\text{var}(u_t)=\sigma^2$，$E(u_t u_s)=0$，其中 $s \neq t$，则称时间序列$\{y_t\}$服从 p 阶自回归模型，记为 AR（p）。ϕ_1，…，ϕ_p 称为自回归系数。

5.2.5.2 移动平均模型 MA（q）

如果时间序列$\{y_t\}$能表示成随机扰动项的当期和其滞后期 q 的加权平均形式，即：

$$y_t=u_t+\theta_1 u_{t-1}+\cdots+\theta_q u_{t-q} \tag{5-4}$$

其随机扰动项$\{u_t\}$是独立同分布非随机变量序列，并且对于任意的 t，$E(u_t)=0$，$\text{var}(u_t)=\sigma^2$，$E(u_t u_s)=0$ 且 $s \neq t$，则称时间序列$\{y_t\}$服从 q 阶自回归模型，记为 MA（q）。θ_1，…，θ_q 称为移动平均系数。

5.2.5.3 ARMA（p，q）模型

如果时间序列$\{y_t\}$满足：

$$y_t=\phi_1 y_{t-1}+\phi_2 y_{t-2}+\cdots+\phi_p y_{t-p}+u_t+\theta_1 u_{t-1}+\cdots+\theta_q u_{t-q}$$

其中，$\{u_t\}$是独立同分布非随机变量序列，并且对于任意的 t，$E(u_t)=0$ 且 $\text{var}(u_t)=\sigma^2$，$E(u_t u_s)=0$ 且 $s \neq t$，则称时间序列$\{y_t\}$服从（p，q）阶自回归移动平均模型，记为（p，q）。ϕ_1，…，ϕ_p 称为自回归系数，θ_1，…，θ_q 称为移动平均系数。

对于（p，q）模型，当 $q=0$ 时，模型记为 AR（p）；当 $p=0$ 时，模型记为 MA（q）。

5.2.6 ARMA（p，q）模型分析框架及流程

ARMA（p，q）模型分析框架及流程如图 5-1 所示。

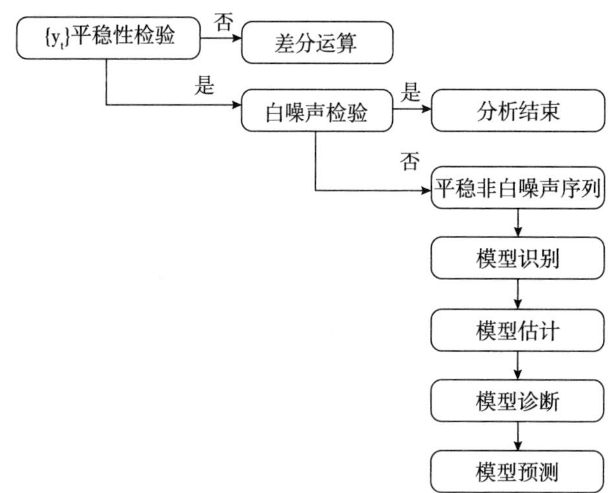

图 5-1　ARMA（p，q）模型分析框架

5.2.7　平稳性检验方法

利用 ARMA 模型来拟合时间序列，必须先对序列的平稳性进行检验，只有当序列平稳了，才可以使用 ARMA 模型。序列的平稳性检验并不是件容易的事，从直观到精确的检验方法有两种，一种是图检验法，另一种是单位根检验法，其中图检验法又可细分为时序图检验和自相关函数图检验。

5.2.7.1　图检验

5.2.7.1.1　时序图检验

此检验方法来源于宽平稳时间序列的定义，以横轴表示时间，纵轴表示序列取值，如果序列$\{y_t\}$的时序图显示出该序列始终在一个常数值附近随机波动，而且波动的范围是有界的，那么序列$\{y_t\}$则是平稳序列。反之，如果时序图表现为明显递增、递减、周期变动的趋势，则 $\{y_6\}$ 为非平稳时间序列。

5.2.7.1.2　自相关函数图检验

当样本容量 n 充分大时，样本自相关函数近似服从正态分布，$\hat{\rho}_k \sim N\left(0, \frac{1}{n}\right)$。根据正态分布的性质近似的有：$P\left(-\frac{2}{\sqrt{n}} \leqslant \hat{\rho}_k \leqslant \frac{2}{\sqrt{n}}\right) \geqslant 0.95$，所以若时间序列$\{y_t\}$的自相关函数在 k>3 时都落入置信区间 $\left(-\frac{2}{\sqrt{n}}, \frac{2}{\sqrt{n}}\right)$ 内且逐渐趋于零，则该时间序列具有平稳性；若时间序列的自相关函数更多地落在置信区间外面，则该时间序列就不具备平稳性。

5.2.7.2　单位根检验

如果时序图和样本自相关函数图都无法判断时间序列是否具备平稳性，则设置统计量进行检验，设置统计量进行平稳性检验最常用的方法是单位根检验。根据 EViews5.0 提供单位根具体检验方法。

5.2.7.2.1　DF 检验

使用条件：主要用于检验一阶自回归模型平稳性的检验。

模型形式：

$$y_t=\phi_1 y_{t-1}+u_t \tag{5-5}$$

原假设 H_0：$|\phi_1|\geqslant 1$。

备选假设 H_1：$|\phi_1|<1$。

选择的统计量 DF 为：

$$\tau=\frac{|\hat{\phi}_1|-1}{s(\hat{\phi}_1)} \tag{5-6}$$

其中，$s(\hat{\phi}_1)$ 是回归系数估计量$\hat{\phi}_1$ 的样本标准差。DF 检验为单边检验，当显著性水平取 α 时，记 τ_α 为 DF 检验的 α 分位点。当 $\tau\leqslant\tau_\alpha$ 时，拒绝原假设，认为序列$\{y_t\}$显著平稳；当 $\tau>\tau_\alpha$ 时，不拒绝原假设，则序列$\{y_t\}$不平稳。

DF 可以检验模型三种形式：

（1）无常数均值、无趋势的一阶自回归过程，即 $y_t=\phi_1 y_{t-1}+u_t$。

（2）有常数均值、无趋势的一阶自回归过程，即 $y_t=\mu+\phi_1 y_{t-1}+u_t$，该公式使用时需要进行变换：

$$y_t-\mu=\phi_1 y_{t-1}+u_t \tag{5-7}$$

（3）既有常数均值又有趋势的一阶自回归过程，即

$$y_t=\mu+\beta t+\phi_1 y_{t-1}+u_t \tag{5-8}$$

使用时需要进行如下变换：

$$y_t-\mu-\beta t=\phi_1 y_{t-1}+u_t \tag{5-9}$$

5.2.7.2.2　ADF 检验

ADF 检验是 DF 检验的一个修正，因为现实中绝大多数的时间序列不会是一个简单的 AR（1）过程，如果时间序列是高阶自回归过程，则使用 ADF 进行检验。

原假设 H_0：序列$\{y_t\}$非平稳。

备选假设 H_1：序列$\{y_t\}$平稳。

当 ADF 统计量的 P 值小于给定的显著性水平 α 时，则拒绝原假设，认为序列是平稳的。

与 DF 检验一样，ADF 检验也可用于如下三种类型的单位根检验。

（1）无常数均值、无趋势的 P 阶自回归过程：

$$y_t=\phi_1 y_{t-1}+\phi_2 y_{t-2}+\cdots+\phi_p y_{t-p}+u_t \tag{5-10}$$

（2）有常数均值、无趋势的 P 阶自回归过程：

$$y_t=\mu+\phi_1 y_{t-1}+\phi_2 y_{t-2}+\cdots+\phi_p y_{t-p}+u_t \tag{5-11}$$

（3）既有常数均值又有趋势的 P 阶自回归过程：

$$y_t=\mu+\beta t+\phi_1 y_{t-1}+\phi_2 y_{t-2}+\cdots+\phi_p y_{t-p}+u_t \tag{5-12}$$

5.2.7.2.3　PP 检验

ADF 检验有一个基本假定，即 $var(u_t)=\sigma^2$，这导致 ADF 检验主要适用于方差齐性的场合，它对于异方差序列的平稳性检验效果不佳，后来 Phillips 和 Perren 于 1988 年对 ADF 检验进行了非参数修正，提出了 PP 检验统计量。该检验统计量既适用于异方差场合的平稳性检验，又服从相应的 ADF 检验统计量的极限分布。

使用 PP 检验，残差序列$\{u_t\}$需要满足如下三个条件：

（1）均值恒为零，即 $E(u_t)=0$。

（2）方差及至少一个高阶矩存在。

（3）非退化极限分布存在。

同 ADF 检验的 t 统计量一样，通过模拟可以给出 PP 统计量在不同显著性水平下的临界值，使检验容易实施。

5.2.8　纯随机性的检验

纯随机性的检验的实质是检验序列前后是否具有关联性，常用的方法有以下两种。

5.2.8.1　自相关函数图

判断原则：若时间序列的样本自相关函数基本都落入置信区间内，则该时间序列是纯随机性序列。

5.2.8.2　DW 统计量

DW 统计量是计量经济学中多元回归模型提出的一个自相关检验统计量，本章把它借鉴过来主要进行时间序列模型残差自相关检验。DW 统计量有其自身的使用范围，最主要的是它只检验序列是否存在一阶序列相关，对高阶序列相关的检验无能为力；另外 DW 检验要求回归模型的右边不含有滞后因变量，所以对于 ARMA 模型来说，自回归模型 AR（1)的 DW 统计量值没有任何意义。

5.2.8.2.1　DW 统计量的构造思想

DW 统计量的构造过程如下所示。

$$DW=\frac{\sum_{i=2}^{n}(u_i-u_{i-1})^2}{\sum_{i=1}^{n}u_i^2}=\frac{\sum_{i=2}^{n}u_i^2+\sum_{i=2}^{n}u_{i-1}^2-2\sum_{i=2}^{n}u_iu_{i-1}}{\sum_{i=1}^{n}u_i^2} \tag{5-13}$$

当 n 较大时，有

$$\sum_{i=2}^{n}u_t^2\approx\sum_{i=2}^{n}u_{i-1}^2\approx\sum_{i=1}^{n}u_i^2$$

$$DW\approx\frac{2\sum_{i=2}^{n}u_{i-1}^2-2\sum_{i=2}^{n}u_iu_{i-1}}{\sum_{i=2}^{n}u_{i-1}^2}=2(1-\frac{\sum_{i=1}^{n}u_iu_{i-1}}{\sum_{i=2}^{n}u_{i-1}^2})=2(1-\hat{\rho}) \tag{5-14}$$

其中，ρ 的取值范围是［-1，1］。

用统计量来检验序列相关会有很多的限制条件。所以要考虑其他两种检验序列的相关方法，即 LB 检验和 LM 检验克服了上述不足，可以用于检验高阶序列相关，应用于大多数情况。

5. 2. 8. 2. 2　LB 检验

原假设 H_0：序列不存在 p 阶自相关。

备选假设 H_1：序列存在 p 阶自相关。

$$Q_{LB} = T(T+2)\sum_{j=1}^{p}\frac{r_j^2}{T-j} \tag{5-15}$$

其中，r_j 是残差序列的 j 阶自相关系数，T 是观测值的个数，p 是设定的滞后阶数。

如果 Q 统计量对应的 p 值在某一滞后阶数大于显著性水平，通常认为该序列存在某种程度上的序列相关。EViews 软件同时给出了不同滞后阶数的 Q 统计量值及其所对应的 p 值，不同滞后阶数自相关函数值和偏自相关函数值。反之各阶 Q 统计量都小于设定的显著性水平所决定的临界值，则序列不存在序列相关，此时，各阶的自相关和偏自相关系数都接近于 0。注意 Q 统计量的 P 值要根据自由度来估算，因此，要提高 Q 统计量的有效性，一个较大的样本容量是必不可少的条件。

5. 2. 8. 2. 3　LM 检验

与 DW 统计量仅检验扰动项是否存在一阶自相关不同，LM 检验也可应用于检验回归方程的残差序列是否存在高阶自相关，并且在方程中存在滞后因变量的情况下，LM 检验仍然有效。

原假设 H_0：直到 p 阶滞后不存在序列相关，p 为预先定义好的整数。

备择假设 H_1：存在 p 阶自相关。

检验统计量由如下辅助回归计算。

$$u_t = y_t - \hat{\beta}_0 - \hat{\beta}_1 x_{1t} - \hat{\beta}_2 x_{2t} - \cdots - \hat{\beta}_k x_{kt} \tag{5-16}$$

$$u_t = X_t\gamma + \alpha_1 u_{t-1} + \cdots + \alpha_p u_{t-p} + v_t \tag{5-17}$$

在给定的显著性水平下，如果这两个统计量小于设定显著性水平下的临界值，则说明序列在设定的显著性水平下不存在序列相关；反之，如果这两个统计量大于设定显著性水平下的临界值，则说明序列存在序列相关性。

5. 2. 9　ARMA 模型的选择及定阶

对于 ARMA（p，q）模型，可以利用序列的自相关函数和样本偏自相关函数的拖尾性和截尾性判定模型的阶数，具体原则如下：

AR（p）模型的偏自相关函数是以 p 步截尾的，自相关函数拖尾；MA（q）模型的自相关函数具有 q 步截尾性，偏自相关函数拖尾；ARMA（p，q）模型的自相关函数和偏相关函数都是拖尾的。

5. 2. 10　ARMA（p，q）模型的算法

由于模型结构的复杂性，有以下方法可以进行。

5.2.10.1　利用 Yule-Walker 方程进行粗估计

（1）AR（p）模型参数估计。

一阶自回归模型 AR（1）：$\hat{\phi}_1=\hat{\rho}_1$。

二阶自回归模型 AR（2）：$\hat{\phi}_1=\frac{\hat{\rho}_1(1-\hat{\rho}_2)}{1-\hat{\rho}_1^2}$，$\hat{\phi}_2=\frac{\hat{\rho}_2-\hat{\rho}_1^2}{1-\hat{\rho}_1^2}$。

（2）MA（q）模型参数估计。

一阶移动平均模型 MA（1）：$\hat{\theta}_1=\frac{-1\pm\sqrt{1-4\hat{\rho}_1^2}}{2\hat{\rho}_1}$。

二阶移动平均模型 MA（2）。$\hat{\rho}_1=\frac{-\theta_1+\theta_1\theta_2}{1+\theta_1^2+\theta_2^2}$，$\hat{\rho}_2=\frac{-\theta_2}{1+\theta_1^2+\theta_2^2}$。

5.2.10.2　极大似然估计

ARMA（p，q）模型的参数估计由于模型结构的复杂性，无法直接给出参数的极大似然估计，只能通过迭代方法来完成，这时，迭代初值常常利用初估计得到的值。

一般利用统计分析软件来完成。ARMA（p，q）模型参数的精估计，一般采用极大似然估计，由于模型结构的复杂性，无法直接给出参数的极大似然估计，只能通过迭代方法来完成，这时，迭代初值常常利用初估计得到的值。

5.2.11　模型检验

一般的 ARMA 模型从以下三个方面进行检验：

（1）参数的估计值是否具有统计显著性（t 统计量）。

（2）ARMA 模型全部特征根的倒数必须在单位元之内。

（3）检验残差序列的白噪声性（Q 统计量）。

5.2.12　ARMA（p，q）序列预测

5.2.12.1　点预测

AR（P）的点预测公式为：

$$\hat{y}_{t+j}=Ey_{t+j}=\phi_0+\phi_1y_{t+j-1}+\phi_2y_{t+j-2}+\cdots+\phi_py_{t+j-p}$$

MA（q）的点预测公式为：

$$\hat{y}_{t+j}=Ey_{t+j}=\theta_1\varepsilon_{t+j-1}+\theta_2\varepsilon_{t+j-2}+\cdots+\theta_P\varepsilon_{t+j-q}$$

ARMA（p，q）的点预测公式为：

$$\hat{y}_{t+j}=Ey_{t+j}=\phi_0+\phi_1y_{t+j-1}+\phi_2y_{t+j-2}+\cdots+\phi_py_{t+j-p}+\theta_1\varepsilon_{t+j-1}+\theta_2\varepsilon_{t+j-2}+\cdots+\theta_P\varepsilon_{t+j-q}$$

5.2.12.2　区间预测

当样本较大时，预测误差 $e_t(j)\sim N(0,var(e_t(j)))$，同时根据 $y_{t+j}\sim N(\hat{y}_{t+j}$， var（$y_{t+j}$）而且又因为 $y_{t+j}=\hat{y}_{t+j}+e_t(j)$，所以，$y_{t+j-1}$，$y_{t+j-2}$，…，$y_{t+j-p}$在给定的情况下有 var（$e_t(j)$）= var（$y_{t+j}$）。因此，$y_{t+j}$置信区间为 $\hat{y}_{t+j}\pm Z_{1-\frac{\alpha}{2}}\sqrt{\text{var}(e_t(j))}$。具体的 p 阶自回归模型 AR（P）的预测区间：因为 var（$e_t(j)$）= $\sigma^2(1+\Phi_1+\Phi_2+\cdots+\Phi_{j-1})$，所以 $\hat{y}_{t+j}\pm Z_{1-\frac{\alpha}{2}}\sigma(1+\Phi_1+\Phi_2+\cdots+\Phi_{j-1})^{\frac{1}{2}}$。其中，$\Phi_1$，$\Phi_2$，…，$\Phi_{j-1}$是关于 ϕ_1，ϕ_2，…，ϕ_p 的多项式函数。这里 $\sigma^2=\frac{\sum e_t^2}{n-k}$ 为随机扰动项的方差用估计。

具体的 q 阶 MA（q）模型的预测区间为 $\hat{y}_{t+j}\pm Z_{1-\frac{\alpha}{2}}\sigma(1+\theta_1^2+\theta_2^2+\cdots\theta_{j-1}^2)^{\frac{1}{2}}$。因为 $\text{var}(e_t(j))=\sigma^2(1+\theta_1^2+\theta_2^2+\cdots+\theta_{j-1}^2)$，所以 $\sigma^2=\frac{\sum e_t^2}{n-k}$。ARMA（p，q）模型的预测区间为 $\hat{y}_{t+j}\pm Z_{1-\frac{\alpha}{2}}\sigma(1+\psi_1+\psi_2+\cdots+\psi_{j-1})^{\frac{1}{2}}$。其中 ψ_1，ψ_2，…，ψ_{j-1} 是关于自回归系数 ϕ_1，ϕ_2，…，ϕ_p 与移动平均系数 θ_1，θ_2，…，θ_{j-1} 组合的多项式函数。

5.2.13 ARIMA 模型

5.2.13.1 ARIMA 模型的形式

在实际中，我们遇到的序列大多都是非平稳的，通常通过差分运算使之平稳化，然后再用 ARMA 模型进行拟合。设 y_t 是 d 阶单整序列，即 $y_t\sim I(d)$，则 w_t 为平稳序列，即 $w_t\sim I(0)$，于是可以对 w_t 建立 ARMA（p，q）模型，即 $w_t=c+\phi_1 w_{t-1}+\cdots+\phi_p w_{t-p}+u_t+\theta_1 u_{t-1}+\cdots+\theta_q u_{t-q}$。

经过 d 阶差分变换后的 ARMA（p，q）模型称为 ARIMA（p，d，q）模型。估计 ARIMA（p，d，q）模型同估计 ARMA（p，q）模型的具体步骤相同，唯一不同的是在估计之前要确定原序列的差分阶数 d，对 y_t进行 d 阶差分。因此，ARIMA（p，d，q）模型区别于 ARMA（p，q）模型的地方就在于前者自回归部分的特征多项式含有 d 个单位根。因此，在对一个序列建模之前，我们应当首先确定该序列是否具有非平稳性，这就要求对序列的平稳性进行检验，特别是要检验其是否含有单位根及所含有的单位根个数。一般情况下，具有明显递增、递减趋势的不平稳时间序列要从一阶差分开始，有固定周期变动的时间序列要以周期长度为基础进行差分运算。

5.2.13.2 应用 ARIMA（p，d，q）模型建模的过程

伯克斯（G. E. P. Box）和詹金斯（G. M. Jenkins）提出了具有广泛影响的建模思想，能够对实际建模起到指导作用。其建模思想可分为如下四个步骤：

（1）对原序列进行平稳性检验，如果序列不满足平稳性条件，可以通过差分变换（单整阶数为 d，则进行 d 阶差分）或者其他变换，如对数变换使序列满足平稳性条件。

（2）通过计算能够描述序列特征的一些统计量（如自相关系数和偏自相关系数）来确定 ARMA 模型的阶数 p 和 q，并在初始估计中选择尽可能少的参数。

（3）估计模型的未知参数并检验参数的显著性，以及模型本身的合理性。

（4）进行诊断分析，以证实所得模型确实与所观察到的数据特征相符。

对于该建模思想的第三、第四步，需要一些统计量和检验来分析在第二步中所选择的模型形式是否合适，所需要的统计量和检验如下：

（1）检验模型参数显著性水平的 t 统计量。

（2）为保证 ARIMA（p，d，q）模型的平稳性，模型的特征根的倒数都小于 1。

（3）模型的残差序列应当是一个白噪声序列。

5.3　实验数据

某企业 1961~2012 年的年度销售额资料如表 5-1 所示。试根据数据特征选择恰当的 ARIMA 模型形式，并给出 2013 年该企业销售额的点预测和区间预测。

表 5-1　某企业 1961~2012 年的年度销售额　　单位：亿元

年份	销售额	年份	销售额	年份	销售额	年份	销售额
1961	5.4167	1974	6.7295	1987	9.2420	2000	11.1026
1962	5.5196	1975	6.9272	1988	9.3717	2001	11.2704
1963	5.6300	1976	7.0499	1989	9.4974	2002	11.4333
1964	5.7482	1977	7.2538	1990	9.6259	2003	11.5823
1965	5.8796	1978	7.4542	1991	9.7542	2004	11.7171
1966	6.0266	1979	7.6368	1992	9.8705	2005	11.8517
1967	6.1465	1980	7.8534	1993	10.0072	2006	11.9850
1968	6.2828	1981	8.0671	1994	10.1590	2007	12.1121
1969	6.4653	1982	8.2992	1995	10.2764	2008	12.2389
1970	6.5994	1983	8.5229	1996	10.3876	2009	12.3626
1971	6.7207	1984	8.7177	1997	10.5851	2010	12.4761
1972	6.6207	1985	8.9211	1998	10.7507	2011	12.5786
1973	6.5859	1986	9.0859	1999	10.9300	2012	12.6743

5.4　实验过程

5.4.1　序列的平稳性检验

绘制时序图，点击数据对象工具条的“View”→“Graph”→“line”得到图 5-2。

绘制自相关函数图。由于时序图显示具有明显的递增趋势，所以初步判断序列是非平稳的。为了进一步确定序列的平稳性，点击数据对象工具条“View”，再选择“Correlogram”，如图 5-3 所示。

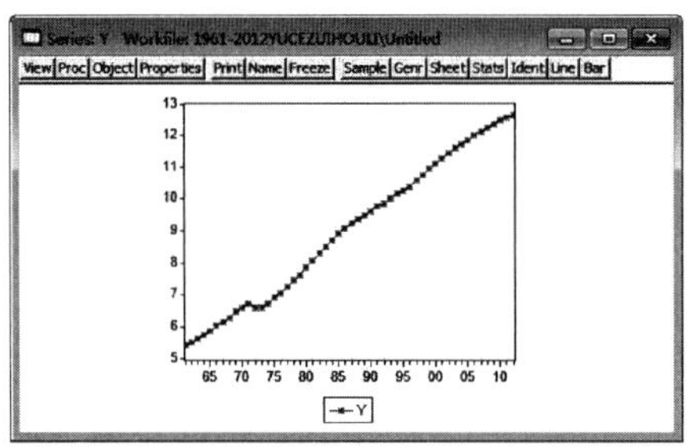

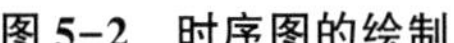

图 5-2　时序图的绘制

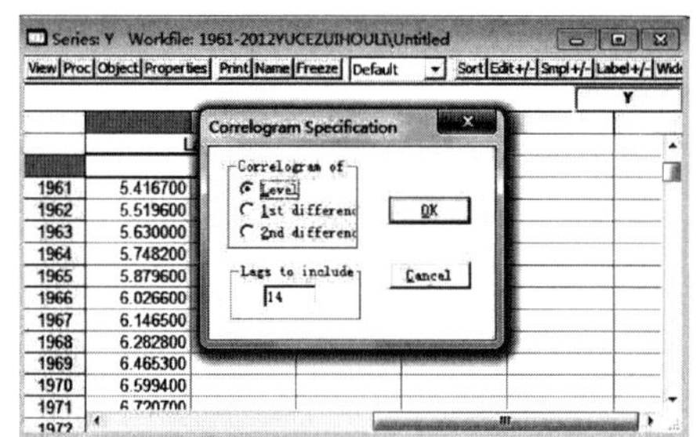

图 5-3　Correlogram Specification 对话框

在 Correlogram Specification 对话框中，系统默认的是计算时间序列水平值（Level）的自相关系数，下面是对一阶差分和二阶差分后的序列计算样本自相关系数；另外需要选择滞后阶数（Lags to Include），这里选择 14 阶。点击“OK”，结果如图 5-4 所示。

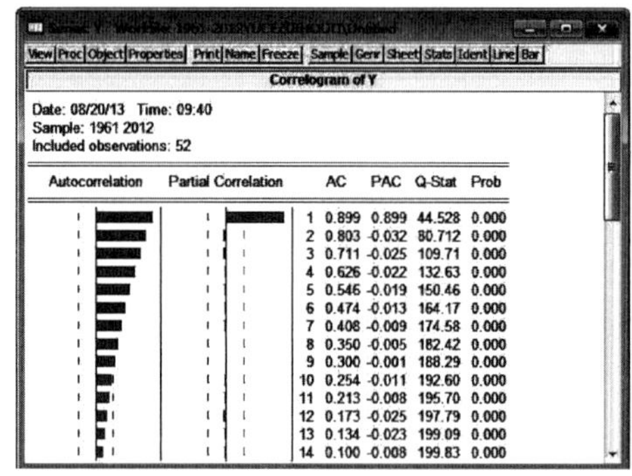

图 5-4　序列的相关图和偏相关图的显示结果

因为自相关函数显示在滞后阶数等于 9 后才落入置信区间内，所以该企业 1961~2012 年的销售额数据是非平稳的。

5.4.2　差分运算使序列平稳化

由于此序列呈线性递增趋势，所以进行一阶差分运算，点击工作文件菜单上的“Genr”，输入公式 x=d（y），点击“OK”得差分后的序列 x，如图 5-5 所示。

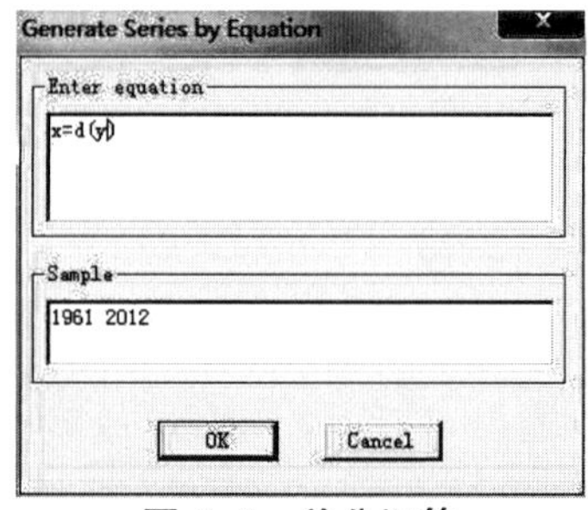

图 5-5　差分运算

5.4.3　对差分后序列进行平稳性检验

这里用单位根 ADF 检验，双击数据对象 x，打开序列窗口，点击数据对象工具条中的“View”选择“Unit Root Test”，得到图 5-6。

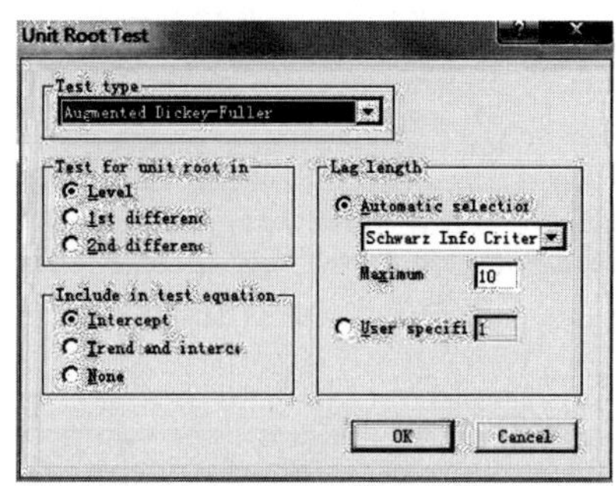

图 5-6　单位根检验命令

单位根检验对话框需要说明以下四个问题。

第一，检验类型。在检验类型 Test type 的下拉列表中，EViews 5.0 提供了 6 种单位根检验的方法：Augmented Dickey - Fuller Test（ADF）、Dickey - Fuller GLS Test（DF）、Phillips-Perron Test（PP）、Kwiatkowski，Phillips，Schmidt，and Shin Test（KPSS）、Elliot，Rothenberg，and Stock Point Optimal Test（ERS）、Ng and Perron Test（NP）。

第二，选择差分形式。Test for unit root in 包括水平值、一阶差分、二阶差分。通常从时间序列的原始值即水平值开始检验，如果检验的结果没有拒绝原假设，则接下来检验一阶差分序列，如果此时拒绝了原假设，则说明序列是一阶单整的，含有一个单位根，简记为 I（1）；如果一阶差分后的序列单位根检验的结果仍然没有拒绝原假设，则需要选择二阶差分进行检验。更高阶差分的单位根检验 EViews5.0 无法实现。

第三，定义检验方程中所包含的选项。Include in test equation 默认的是检验回归中只含有常数项，其还有同时包含常数项和趋势项或两者都不包含两个选项。实际中根据检验统计量来选择其中的一种形式。

第四，定义序列相关阶数。在 Lag lenth 这个选项中选择确定滞后阶数的准则。一般而言，EViews5.0 默认 SIC 准则。

定义上述选项后，单击“OK”进行检验。EViews 显示检验统计量和估计检验回归。

在单位根检验后，应检查 EViews 显示的估计检验回归，尤其是如果对滞后算子结构或序列自相关阶数不确定时，可以选择不同的右边变量或滞后阶数来重新检验。ADF 检验结果如图 5-7 所示。

在给定显著性水平为 0.05 的情况下，该结果拒绝了非平稳的原假设，所以差分后的序列是平稳的。

5.4.4　模型拟合

差分后序列 x 的相关图和偏相关如图 5-8 所示。

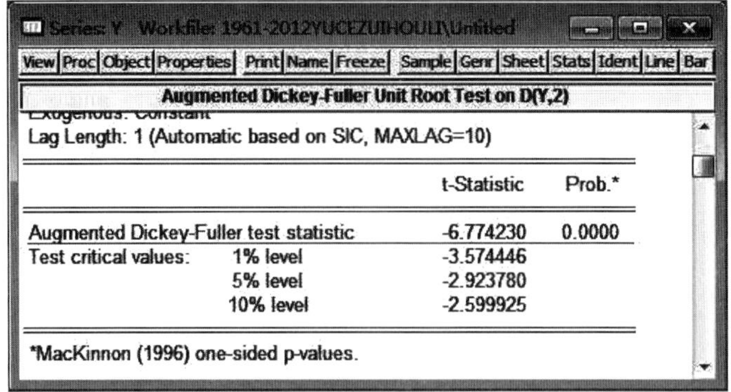

Series: Y Workfile: 1961-2012YUCEZUIHOULI\Untitled

View | Proc | Object | Properties | Print | Name | Freeze | Sample | Genr | Sheet | Stats | Ident | Line | Bar

Augmented Dickey-Fuller Unit Root Test on D(Y,2)

Exogenous: Constant
Lag Length: 1 (Automatic based on SIC, MAXLAG=10)

		t-Statistic	Prob.*
Augmented Dickey-Fuller test statistic		-6.774230	0.0000
Test critical values:	1% level	-3.574446	
	5% level	-2.923780	
	10% level	-2.599925	

*MacKinnon (1996) one-sided p-values.

图 5-7 ADF 检验结果

Series: X Workfile: 1961-2012YUCEZUIHOULI\Untitled

View | Proc | Object | Properties | Print | Name | Freeze | Sample | Genr | Sheet | Stats | Ident | Line | Bar

Correlogram of X

Date: 08/20/13 Time: 10:15
Sample: 1961 2012
Included observations: 51

Autocorrelation	Partial Correlation		AC	PAC	Q-Stat	Prob
		1	0.584	0.584	18.415	0.000
		2	0.221	-0.182	21.104	0.000
		3	0.114	0.107	21.837	0.000
		4	0.075	-0.019	22.156	0.000
		5	-0.009	-0.075	22.161	0.000
		6	-0.060	-0.017	22.376	0.001
		7	-0.134	-0.129	23.472	0.001
		8	-0.134	0.019	24.603	0.002
		9	-0.161	-0.122	26.263	0.002
		10	-0.188	-0.055	28.597	0.001
		11	-0.197	-0.067	31.209	0.001
		12	-0.183	-0.065	33.533	0.001
		13	-0.159	-0.032	35.339	0.001
		14	-0.080	0.029	35.811	0.001
		15	-0.060	-0.069	36.080	0.002
		16	-0.021	0.036	36.114	0.003

图 5-8 X 序列的相关图和偏相关图的显示结果

由相关图和偏相关图的拖尾和截尾性确定 ARMA 的具体形式：

第一，如果看成自相关函数和偏自相关函数均拖尾，则应该建立 ARMA（1，1）模型来拟合。

第二，如果认为自相关函数拖尾，偏自相关函数 1 阶截尾，则选择自回归模型 AR（1）来拟合。

第三，如果认为偏自相关函数拖尾，自相关函数 1 阶截尾，则选择 MA（1）模型来拟合。

EViews 软件中用“ar”和“ma”分别定义 ARMA（p，q）模型中 AR 和 MA 部分，其阶数 p 和 q 每一阶都应列出来，中间用空格隔开，例如上述如果是 ARMA（1，1）则应在 EViews 软件的方程框中输入：xcar（1）ma（1），为了方便直接对原销售额 y 预测，这里被解释变量用 d（y）表示，如图 5-9 所示。

点击“确定”得到图 5-10。

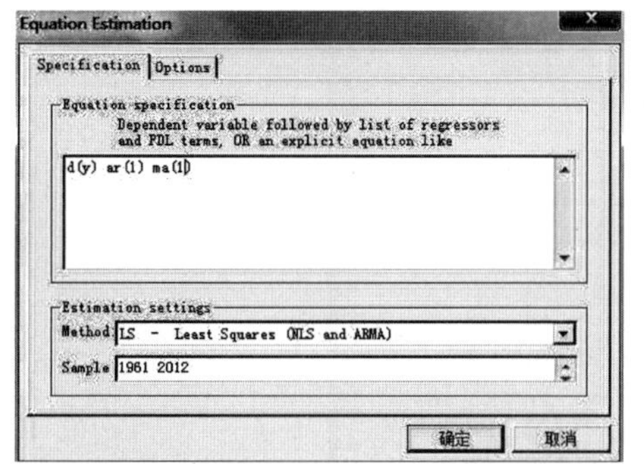

图 5-9　ARMA（p，q）模型输入

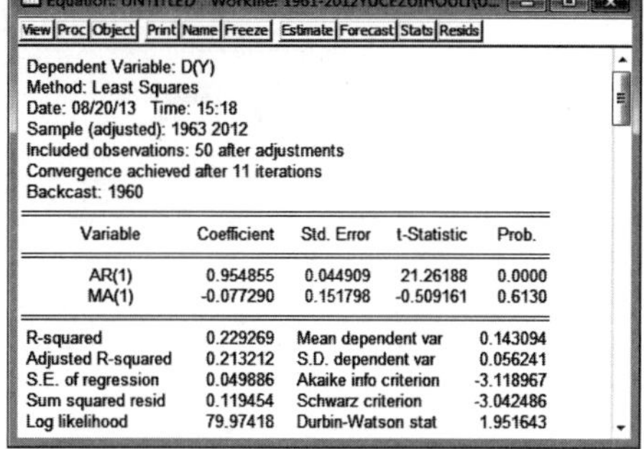

图 5-10　ARMA 模型拟合结果

由方程结果可以看出，MA（1）的系数不显著，所以应该进一步调整，接下来单独选择 AR（1）MA（1）来拟合，拟合结果如图 5-11 和图 5-12 所示。

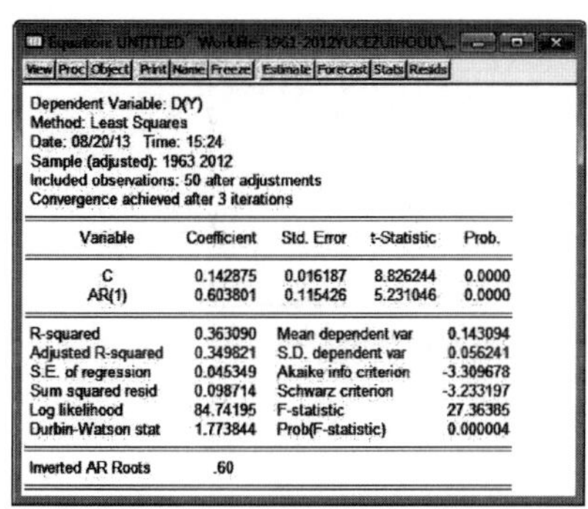

图 5-11　AR 模型拟合结果

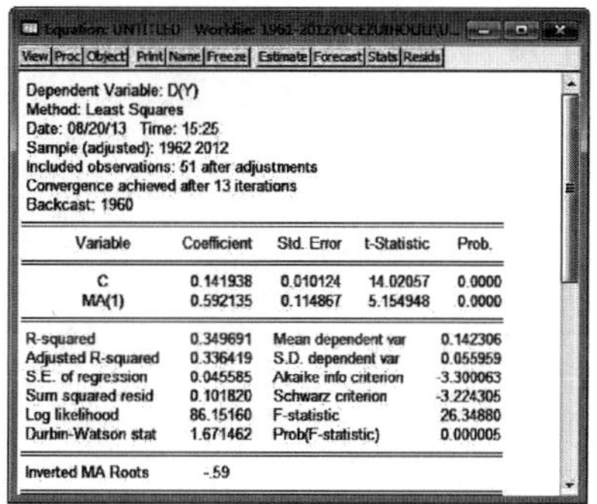

图 5-12　MA 模型拟全结果

5.4.5　模型检验

根据图 5-11 和图 5-12 可知，AR（1）和 MA（1）的系数都是显著的，下面检验 AR（1）模型的随机扰动项是否为白噪声序列。

5.4.5.1　统计量检验

在输出的方程对象工具条上选择"View"→"Residual Tests"→"Correlogram-Q-Statistics"，结果如图 5-13 所示。

因为 Q 统计量所对应的 P 值都大于显著性水平，所以 AR（1）模型的随机扰动项是白噪声序列。

5.4.5.2　LM 检验

在输出的方程对象工具条上选择"View"→"Residual Tests"→"Serial correlation LM Test"，一般对高阶的、含有 ARMA 误差项的情况执行"Breush-Godfrey LM"。在滞后定义对话框中输入要检验序列的最高阶数。LM 统计量显示，在 5%的显著性水平上没有拒

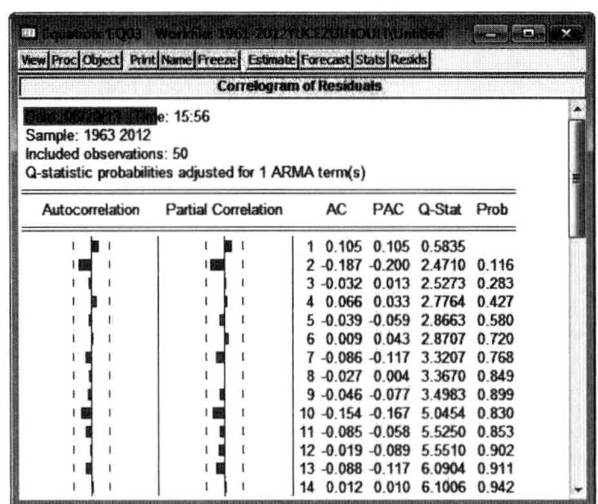

	AC	PAC	Q-Stat	Prob
1	0.105	0.105	0.5835	
2	-0.187	-0.200	2.4710	0.116
3	-0.032	0.013	2.5273	0.283
4	0.066	0.033	2.7764	0.427
5	-0.039	-0.059	2.8663	0.580
6	0.009	0.043	2.8707	0.720
7	-0.086	-0.117	3.3207	0.768
8	-0.027	0.004	3.3670	0.849
9	-0.046	-0.077	3.4983	0.899
10	-0.154	-0.167	5.0454	0.830
11	-0.085	-0.058	5.5250	0.853
12	-0.019	-0.089	5.5510	0.902
13	-0.088	-0.117	6.0904	0.911
14	0.012	0.010	6.1006	0.942

图 5-13 AR（1）模型的 Q 统计量检验

绝原假设，回归方程的残差序列是纯随机序列，原序列的相关性已经提取干净，如图5-14所示。

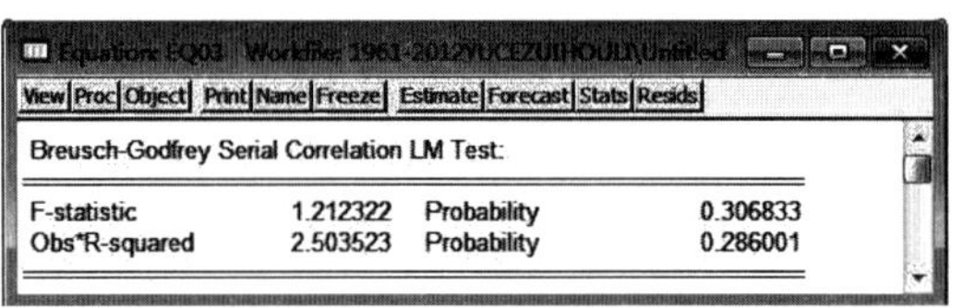

F-statistic	1.212322	Probability	0.306833
Obs*R-squared	2.503523	Probability	0.286001

图 5-14 AR（1）模型的 LM 检验

用同样的方法检验 MA（1）模型残差序列是否为白噪声序列，其结果如图 5-15、图 5-16所示。

Correlogram of Residuals

Sample: 1962 2012
Included observations: 51
Q-statistic probabilities adjusted for 1 ARMA term(s)

	AC	PAC	Q-Stat	Prob
1	0.147	0.147	1.1720	
2	0.192	0.174	3.1968	0.074
3	-0.007	-0.058	3.1992	0.202
4	0.123	0.103	4.0624	0.255
5	-0.075	-0.099	4.3965	0.355
6	0.028	0.013	4.4424	0.488
7	-0.142	-0.119	5.6859	0.459
8	-0.042	-0.033	5.7990	0.563
9	-0.117	-0.048	6.6763	0.572
10	-0.110	-0.105	7.4784	0.587
11	-0.156	-0.079	9.1302	0.520
12	-0.073	-0.033	9.5000	0.576
13	-0.154	-0.105	11.187	0.513
14	0.007	0.048	11.190	0.595

图 5-15 MA（1）模型的 Q 统计量检验

Breusch-Godfrey Serial Correlation LM Test:

F-statistic	1.745327	Probability	0.185712
Obs*R-squared	3.525500	Probability	0.171572

图 5-16 MA（2）模型的 LM 检验

由 Q 统计量和 LM 检验的结果可知、MA（1）模型的随机扰动项是白噪声序列。

5.4.6　模型优化

上述检验表明一阶自回归模型 AR（1）和一阶移动平均模型 MA（1）均通过了检验，那么到底选择哪个模型呢？因为 AR（1）模型的 Akaike info criterion AI（准则）值为 -3.309678，小于 MA（1）模型的 -3.300063（见图 5-12），AR（1）模型 Schwarz criterion（SC 准则）值为-3.233197（见图 5-12），小于 MA（1）模型的-3.224305，所以根据模型优化的原则最后选择拟合最优的模型 AR（1）。

5.4.7　模型预测

要想预测 2013 年企业的销售额，首先要扩大样本区间，双击工作文件上方的“Range”，得到图 5-17。

在“Date specification”中延长 End 截止日期到 2013 年。然后在 AR（1）模型输出结果的工具条上选择“Forecast”，如图 5-18 所示。

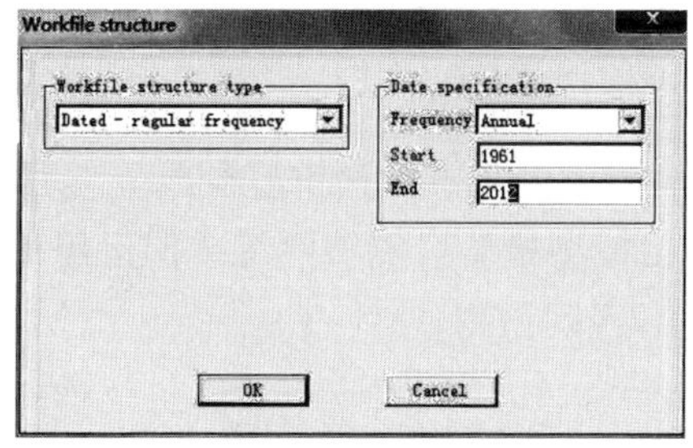

图 5-17　扩大样本间

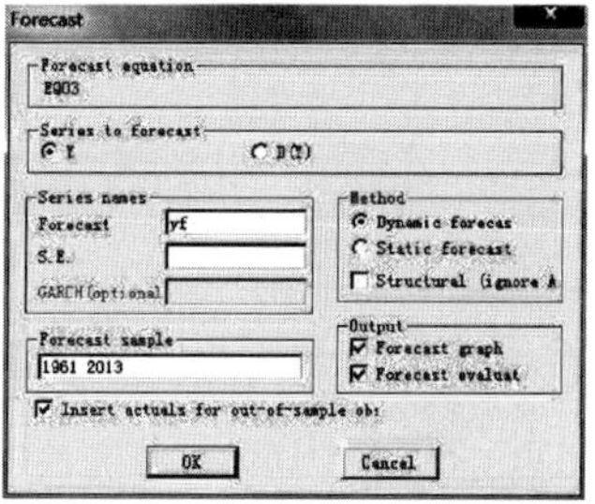

图 5-18　Forecast 对话框

注意，预测序列有原序列 Y 和差分序列 D（Y），本实验是对原序列 Y 进行预测，所以选择“Y”，预测方法包括 Dynamic Forecast（动态预测）、Static Forecast（静态预测）和 Structural（分布的标准差估计），点击“OK”得图 5-19 和图 5-20。

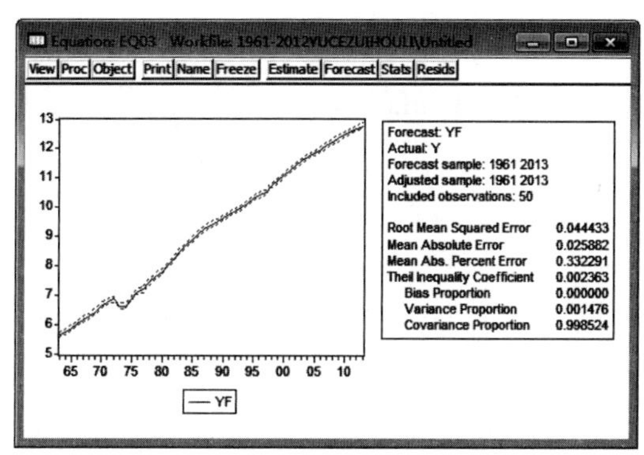

图 5-19　静态预测结果

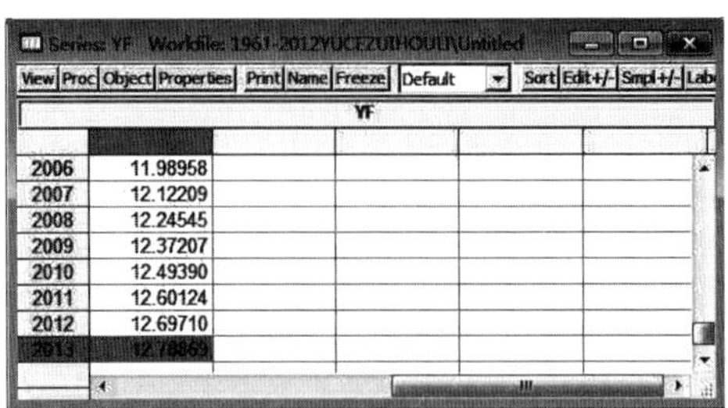

图 5-20 预测数据结果

根据图 5-20 可知，点预测，即 2013 年企业的销售额为 12.78869 亿元。根据 AR（P）模型预测原理，经推导一阶自回归模型的区间预测公式为 $\hat{y}_{t+1} \pm Z_{1-\frac{\alpha}{2}}\sigma$，这里 σ 用 $\hat{\sigma}$ 来估计，$\hat{\sigma}=\sqrt{\frac{\sum e^2}{n-k}}$，$\sum e^2 = 0.098714$，$n-k=48$（50-2），进一步计算得 2013 年企业销售额 95%的置信区间是（12.78474，12.79264）。

5.5 实验小结

通过本次实验可以深入理解 ARMA 预测模型的基本概念和基本原理，灵活运用 Eviews 软件进行平稳性检验、白噪声检验及 ARMA 模型检验；能够熟练掌握运用 Eviews 软件实现 ARIMA 模型的整个建模流程及其点预测和区间预测。

5.6 练习实验

【实验 5-1】表 5-2 是我国 2005 年 1 月至 2013 年 7 月货币 M2 月末数同比增速，试根据数据特征建立适当的 ARIMA 模型，并利用所选择的模型预测 2013 年余下几个月的 M2 月末数同比增速。

表 5-2 2005 年 1 月至 2013 年 7 月我国货币 M2 月末数同比增速 单位:%

日期	货币（M2）月末数增速	日期	货币（M2）月末数增速	日期	货币（M2）月末数增速	日期	货币（M2）月末数增速
2005 年 1 月	14.13	2005 年 8 月	17.34	2006 年 3 月	18.80	2006 年 11 月	17.10
2005 年 2 月	13.90	2005 年 9 月	17.92	2006 年 4 月	18.90	2006 年 12 月	16.80
2005 年 3 月	14.00	2005 年 10 月	17.99	2006 年 5 月	19.05	2007 年 1 月	16.90
2005 年 4 月	14.10	2005 年 11 月	18.30	2006 年 6 月	18.40	2007 年 2 月	15.93
2005 年 5 月	14.60	2005 年 12 月	17.57	2006 年 7 月	18.40	2007 年 3 月	17.80
2005 年 6 月	15.67	2006 年 1 月	19.21	2006 年 9 月	17.90	2007 年 4 月	17.30

续表

日期	货币（M2）月末数增速	日期	货币（M2）月末数增速	日期	货币（M2）月末数增速	日期	货币（M2）月末数增速
2005 年 7 月	16.30	2006 年 2 月	18.80	2006 年 10 月	16.80	2007 年 5 月	17.10
2007 年 6 月	16.70	2009 年 1 月	14.80	2010 年 8 月	20.99	2012 年 3 月	12.72
2007 年 7 月	17.10	2009 年 2 月	17.80	2010 年 9 月	18.46	2012 年 4 月	13.61
2007 年 8 月	18.50	2009 年 3 月	18.80	2010 年 10 月	17.61	2012 年 5 月	12.40
2007 年 9 月	18.10	2009 年 4 月	20.40	2010 年 11 月	19.21	2012 年 6 月	13.03
2007 年 10 月	18.50	2009 年 5 月	25.50	2010 年 12 月	18.96	2012 年 7 月	13.43
2007 年 11 月	18.50	2009 年 6 月	25.95	2011 年 1 月	19.30	2012 年 8 月	12.78
2007 年 12 月	18.50	2009 年 7 月	25.74	2011 年 2 月	19.45	2012 年 9 月	13.18
2008 年 1 月	16.70	2009 年 8 月	28.46	2011 年 3 月	19.72	2012 年 10 月	13.64
2008 年 2 月	18.90	2009 年 9 月	28.42	2011 年 4 月	17.20	2012 年 11 月	13.94
2008 年 3 月	17.50	2009 年 10 月	28.53	2011 年 5 月	15.70	2012 年 12 月	13.46
2008 年 5 月	16.30	2009 年 11 月	29.31	2011 年 6 月	16.60	2013 年 1 月	14.80
2008 年 6 月	16.90	2009 年 12 月	29.51	2011 年 7 月	15.30	2013 年 2 月	14.13
2008 年 7 月	18.10	2010 年 1 月	29.74	2011 年 8 月	15.10	2013 年 3 月	13.89
2008 年 8 月	17.40	2010 年 3 月	27.68	2011 年 10 月	15.85	2013 年 4 月	13.83
2008 年 9 月	16.40	2010 年 4 月	26.10	2011 年 11 月	14.65	2013 年 5 月	15.92
2008 年 10 月	16.00	2010 年 5 月	25.53	2011 年 12 月	13.56	2013 年 7 月	15.20
2008 年 11 月	15.30	2010 年 6 月	22.49	2012 年 1 月	13.04	—	—
2008 年 12 月	15.00	2010 年 7 月	21.47	2012 年 2 月	12.88	—	—

【实验 5-2】某企业 2005 年 1 月至 2012 年 12 月利润额如表 5-3 所示。试分析：

（1）检验序列的平稳性和白噪声性。

（2）选择合适的 ARIMA 模型，分析模型的拟合结果。

（3）给出 2013 年 1 月、2013 年 2 月该企业利润额的点预测和区间预测。

表 5-3　企业 2005 年 1 月至 2012 年 12 月利润额　　单位：万元

时间	利润额	时间	利润额	时间	利润额	时间	利润额
2005 年 1 月	17.88	2005 年 10 月	23.02	2006 年 7 月	22.91	2007 年 4 月	14.57
2005 年 2 月	16.00	2005 年 11 月	24.55	2006 年 8 月	24.03	2007 年 5 月	14.25
2005 年 3 月	20.29	2005 年 12 月	24.67	2006 年 9 月	23.94	2007 年 6 月	15.86
2005 年 4 月	21.03	2006 年 1 月	19.61	2006 年 10 月	24.12	2007 年 7 月	15.18
2005 年 5 月	21.78	2006 年 2 月	17.15	2006 年 11 月	25.87	2007 年 8 月	15.94
2005 年 6 月	22.51	2006 年 3 月	22.46	2006 年 12 月	28.25	2007 年 9 月	16.54

续表

时间	利润额	时间	利润额	时间	利润额	时间	利润额
2005 年 7 月	21. 55	2006 年 4 月	23. 19	2007 年 1 月	12. 94	2007 年 10 月	16. 90
2005 年 8 月	22. 01	2006 年 5 月	23. 40	2007 年 2 月	11. 43	2007 年 11 月	16. 88
2005 年 9 月	22. 68	2006 年 6 月	26. 26	2007 年 3 月	14. 36	2007 年 12 月	18. 10
2008 年 1 月	13. 70	2009 年 4 月	16. 79	2010 年 7 月	17. 70	2011 年 10 月	23. 02
2008 年 2 月	10. 88	2009 年 5 月	17. 59	2010 年 8 月	19. 87	2011 年 11 月	24. 55
2008 年 3 月	15. 79	2009 年 6 月	18. 51	2010 年 9 月	21. 17	2011 年 12 月	24. 67
2008 年 4 月	16. 36	2009 年 7 月	16. 80	2010 年 10 月	21. 44	2012 年 1 月	19. 61
2008 年 5 月	17. 22	2009 年 8 月	17. 27	2010 年 11 月	22. 14	2012 年 2 月	17. 15
2008 年 6 月	17. 75	2009 年 9 月	20. 83	2010 年 12 月	22. 45	2012 年 3 月	22. 46
2008 年 7 月	16. 62	2009 年 10 月	19. 18	2011 年 1 月	17. 88	2012 年 4 月	23. 19
2008 年 8 月	16. 96	2009 年 11 月	21. 40	2011 年 2 月	16. 00	2012 年 5 月	23. 40
2008 年 9 月	17. 69	2009 年 12 月	23. 76	2011 年 3 月	20. 29	2012 年 6 月	26. 26
2008 年 10 月	16. 40	2010 年 1 月	15. 73	2011 年 4 月	21. 03	2012 年 7 月	22. 91
2008 年 11 月	17. 51	2010 年 2 月	13. 14	2011 年 5 月	21. 78	2012 年 8 月	24. 03
2008 年 12 月	19. 73	2010 年 3 月	17. 24	2011 年 6 月	22. 51	2012 年 9 月	23. 94
2009 年 1 月	13. 73	2010 年 4 月	17. 93	2011 年 7 月	21. 55	2012 年 10 月	24. 12
2009 年 2 月	12. 85	2010 年 5 月	18. 82	2011 年 8 月	22. 01	2012 年 11 月	25. 87
2009 年 3 月	15. 68	2010 年 6 月	19. 12	2011 年 9 月	22. 68	2012 年 12 月	28. 25

第 6 章　协整理论及预测

6.1　实验目的

（1）理解协整理论，掌握协整理论与经典计量经济模型、随机时间序列 ARMA 模型的区别与联系。

（2）掌握协整检验的方法，能用 EViews 软件的操作判断变量间的协整关系。

（3）掌握协整理论的应用及相关预测。

6.2　实验原理

前面介绍的 ARMA 模型只能研究单个经济变量，对于多个经济变量的讨论一般采用经典序列回归模型，但经验证明，经典回归模型研究的时间序列经济变量必须是平稳的，否则会出现虚假回归的现象，其拟合的结果不可信。但实际中多数时间经济变量都是非平稳的，因此 Engle 和 Granger 于 1987 年提出了协整理论，为非平稳时间序列提供了建模途径。协整关系可以简单地叙述为：多个非平稳的时间序列经济变量，其线性组合后的序列呈显著平稳性。例如，从经济理论上来讲，消费和收入都是非平稳时间序列，但它们具有协整关系，如果不具有协整关系，即长期消费就有可能比收入高，这表现消费者出现了非理性的消费。

6.2.1　单整概念

平稳性检验方法如果使用单位根检验，假如检验结果拒绝了原假设，则说明被检验的序列$\{y_t\}$是平稳的，即不存在单位根，此时称序列$\{y_t\}$为零阶单整序列，记为 $y_t \sim I\ (0)$；假如检验结果没有拒绝原假设，则说明原序列是非平稳的，存在单位根。通常会通过差分运算使之平稳化，如果一阶差分后原序列$\{y_t\}$平稳，说明被检验序列存在一个单位根，此时称序列$\{y_t\}$是一阶单整序列，记为 $y_t \sim I\ (1)$；如果二阶差分后原序列$\{y_t\}$平稳，说明被检验序列存在两个单位根，此时称序列$\{y_t\}$是二阶单整序列，记为 $y_t \sim I\ (2)$；如果 d 阶差分后原序列$\{y_t\}$平稳，说明被检验序列存在 d 个单位根，此时称序列$\{y_t\}$是 d 阶单整序列，记为 $y_t \sim I\ (d)$。

6.2.2 协整关系

假设一些经济指标存在某种关系，在短期内虽然由于季节影响或随机干扰，这些变量有可能偏离均值，但是随着时间推移将会回到均衡状态，并且这些变量具有长期均衡关系，只有在具有这种特征的经济指标基础上才能建立模型。如果这种偏离是持久的，则可能说明这些变量之间不存在均衡关系。协整可被看成这种均衡关系性质的统计表示。

协整概念是一个强有力的概念。因为协整允许我们刻画两个或多个序列之间的平衡或平稳关系。对于每一个序列单独来说可能是非平稳的，这些序列的均值、方差和协方差随时间的变化而变化，而这些时间序列的线性组合却可能具有不随时间变化的性质。协整理论的提出，能够使我们对现实中非平稳时间序列构建动态回归模型，如果非平稳时间序列具有协整关系，则说明其具有长期均衡关系，那说明残差序列应该是平稳的，这样就不会产生虚假回归的问题了。

6.2.2.1 协整定义

下面给出协整的定义。

k 维向量 $Y_t =(y_t, x_{1t}, x_{2t}, \cdots, x_{kt})$ 的分量间被称为 d，b 阶协整，记为 $Y_t \sim CI(d, b)$，如果满足：

（1）$Y_t \sim I(d)$，要求 Y_t 的每个分量均是 d 阶单整。

（2）存在非零向量β，使得 $\beta' Y_t \sim I(d-b)$，$0<b\leq d$。简称 Y_t 是协整的，其分量间具有协整关系，向量β又称为协整向量。

6.2.2.2 协整关系变量特征

具有协整关系的变量应该具有以下特征：

（1）作为对非平稳变量之间关系的描述，协整向量是不唯一的。

（2）协整变量必须具有相同的单整阶数。

（3）最多可能存在（k-1）个线性无关的协整向量。

（4）协整变量之间具有共同的趋势成分，在数量上成比例。

6.2.3 协整检验

检验协整关系是否存在主要有以下两种：①基于回归系数的协整检验，如 Johansen 协整检验；②是基于回归残差的协整检验，如 DF 检验、ADF 检验和 PP 检验。这里主要介绍 Engle 和 Granger 于 1987 年提出的协整检验方法。这种协整检验方法主要是对非平稳时间序列回归方程的残差平稳性进行检验。它的理论支撑是非平稳的解释变量和被解释变量之间如果存在协整关系，即非平稳的被解释变量和解释变量线性组合是平稳的。回归模型等号右边由解释变量和残差项两部分构成，其中解释变量和被解释变量的长期稳定均衡关系由线性组合所解释，不能被解释变量所解释的部分构成残差序列，如果解释变量和被解释变量之间如果存在协整关系则这个残差序列应该是平稳的。所以，检验非平稳的解释变量和被解释变量之间是否存在协整关系就相当于检验回归模型的残差序列是否是一个平稳序列。通常来讲，可以应用第 5 章中讲到的平稳性检验方法来判断残差序列的平稳性，进而判断被解释变量和解释变量之间的协整关系存在与否。

该协整检验的主要步骤如下：

（1）若序列 y_t 和 x_{1t}，x_{2t}，…，x_{kt} 都是一阶单整序列，建立回归模型 $y_t=\beta_1 x_{1t}+\beta_2 x_{2t}+\cdots+\beta_k x_{kt}+u_t$。

（2）通过样本数据利用普通最小二乘法估计模型参数 $\hat{\beta}_1$，$\hat{\beta}_2$，…，$\hat{\beta}_k$。

（3）利用公式 $\hat{u}_t=y_t-\hat{\beta}_1 x_{1t}-\hat{\beta}_2 x_{2t}-\cdots-\hat{\beta}_k x_{kt}$ 算出模型的残差序列 $\{\hat{u}_t\}$。

（4）检验残差序列 $\{\hat{u}_t\}$ 的平稳性。

根据平稳性检验结果，如果残差序列不含有单位根，那么该序列是平稳的。这样便可以确定回归模型中的被解释变量和解释变量之间存在协整关系。反之，如果残差序列含有单位根，则该序列是不平稳的，这说明被解释变量和解释变量之间不存在协整关系。即可能出现虚假回归。

协整检验是针对非平稳时间序列回归模型提出的，协整检验真正目的是判断时间序列回归模型设定是否合理，是否稳定，回归结果是否可信其检验机理通过长期均衡关系及单整等概念设定的，关于协整检验方法有许多，本章主要介绍的是 EViews 5.0 中的协整检验方法。

6.3　实验数据

表 6-1 为我国 1988~2012 年某地区农村居民消费支出与人均可支配收入序列，检验序列是否存在协整关系，并根据模型拟合的结果和 2013 年人均可支配收入来预测 2013 年该地区农村居民人均消费支出。

表 6-1　1988~2012 年某地区农村居民人均消费支出与人均可支配收入

年份	人均消费支出（取对数后）	人均可支配收入（取对数后）	年份	人均消费支出（取对数后）	人均可支配收入（取对数后）
1988	4.75445	4.89485	2001	6.42940	6.56329
1989	4.90156	5.07954	2002	6.49194	6.66441
1990	5.08883	5.25384	2003	6.64600	6.82611
1991	5.25123	5.40896	2004	6.92442	7.10743
1992	5.39454	5.59879	2005	7.17809	7.36372
1993	5.51464	5.73593	2006	7.36017	7.56325
1994	5.61240	5.87296	2007	7.38845	7.64497
1995	5.76016	5.98545	2008	7.37168	7.67879
1996	5.87774	6.04926	2009	7.36353	7.70088
1997	5.98721	6.13686	2010	7.42064	7.72020
1998	6.16689	6.30060	2011	7.46221	7.76913
1999	6.28301	6.39943	2012	7.51425	7.81440
2000	6.37093	6.53131			

6.4 实验过程

6.4.1 建立组对象并导入数据

打开 EViews5.0 界面，单击主菜单“File”，然后在下拉菜单中选择“New”→“Workfile”，出现图 6-1。

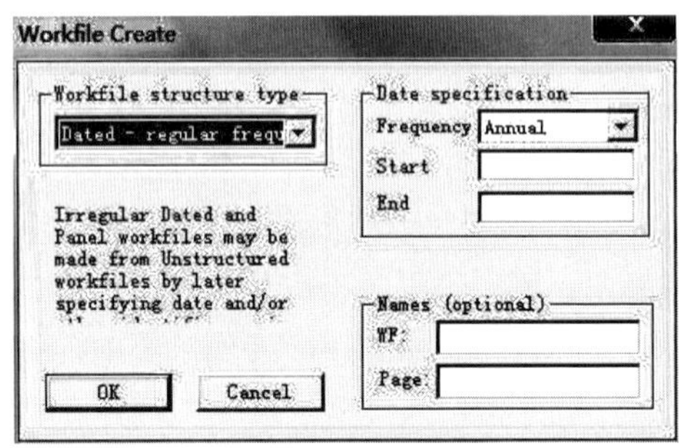

6-1 创建工作文件

在“Worfile structure type”选择默认的时间序列，在“Frequency”中选择年度“Annual”，然后在起始日期“Start”和终止日期“End”中分别填入所研究时间序列的具体起止日期。

然后点击工作文件工具条“Object”→“New Object”，出现如图 6-2 所示的对话框。

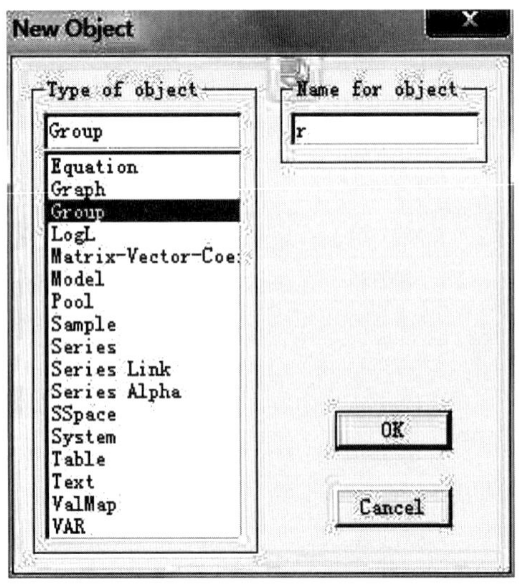

图 6-2 New Object 对话框

在“Type of object”中选择组对象“Group”，为了便于分析，在“Name for object”输入组对象名字 r，点击“OK”后在“obs”行中输入解释变量 x 和被解释变量 y，导入数据。

6.4.2　判断序列的平稳性及单整阶数

单击数据对象 X 工具条的“View”→“Graph”→“Line”，得到图 6-3。

图 6-3 显示纯收入序列具有明显的递增趋势，所以初步判定 X 序列是非平稳的，为了进一步确定，对 X 序列做单位根检验，点击数据对象工具条的“View”→“Unit Root Test”，选择 ADF 检验，结果如图 6-4 所示。

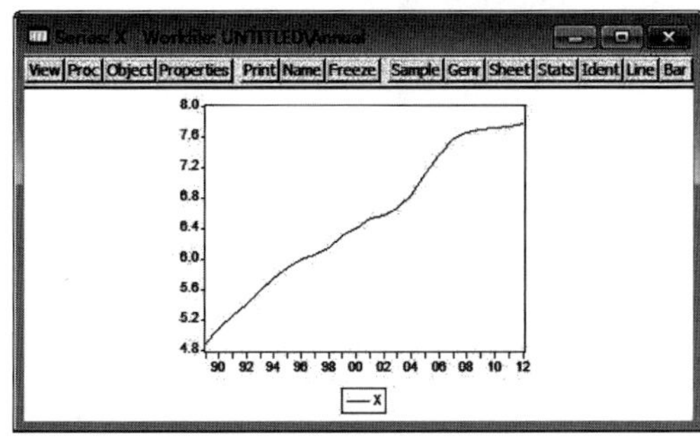

图 6-3　X 的线性趋势

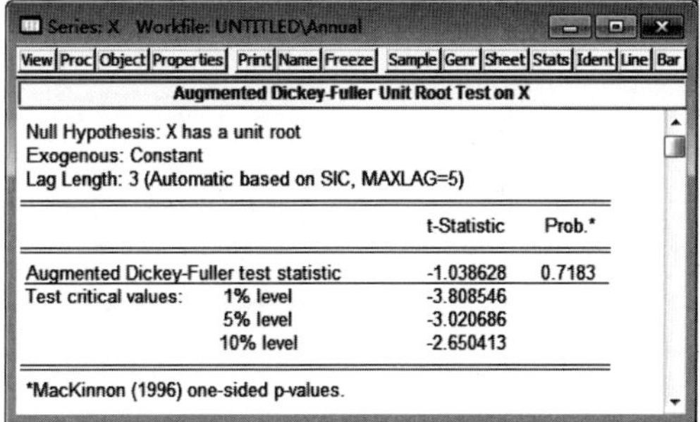

图 6-4　对 X 进行单位根检验

由于 ADF 统计量的 P 值高达 0.7183，大于给定的任何显著性水平，所以不能拒绝原假设，即序列 X 是非平稳的。为了进一步确定其单整阶数，对 X 的一阶差分做单位根 ADF 检验，检验结果如图 6-5 所示。

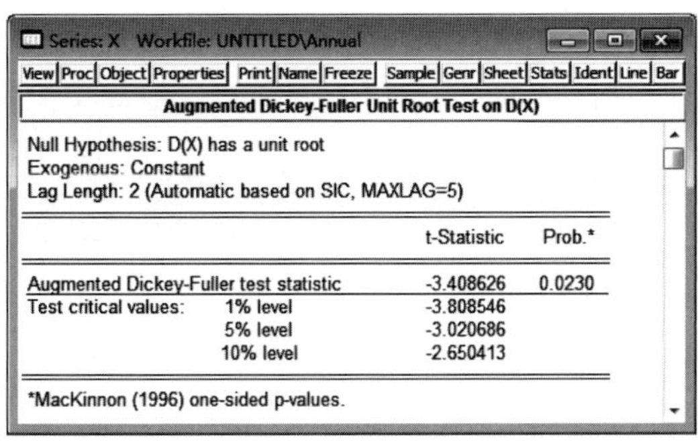

图 6-5　对 X 的一阶差分进行单位根检验

此时统计量所对应的 p 值小于给定的显著性水平 0.05，所以我们认为 X 序列是一阶单整序列。接下来用同样的步骤检验 Y 序列的平稳性及存在的单整阶数，其结果如图 6-6、图 6-7、图 6-8 所示。

根据软件操作结果显示，Y 序列是非平稳的，但其一阶差分后的序列是平稳的，所以 Y 也是一阶单整序列。

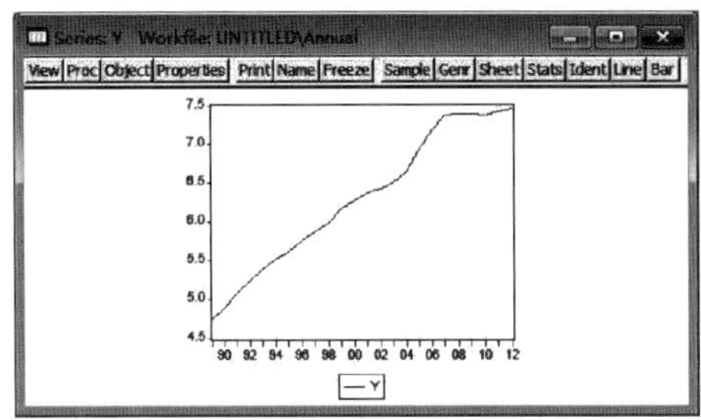

图 6-6 Y 的线性趋势

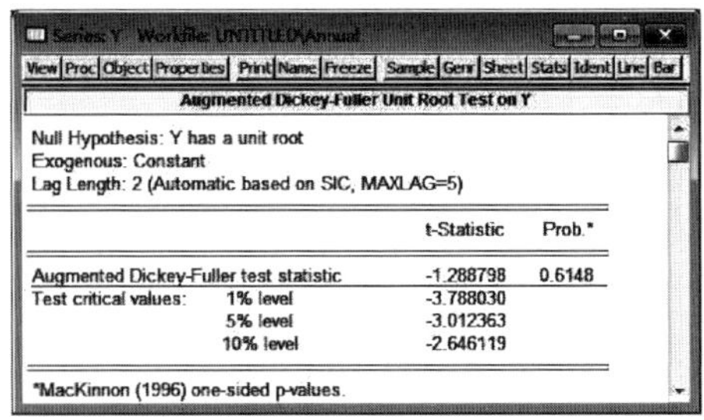

Series: Y Workfile: UNTITLED\Annual

View | Proc | Object | Properties | Print | Name | Freeze | Sample | Genr | Sheet | Stats | Ident | Line | Bar

Augmented Dickey-Fuller Unit Root Test on Y

Null Hypothesis: Y has a unit root
Exogenous: Constant
Lag Length: 2 (Automatic based on SIC, MAXLAG=5)

		t-Statistic	Prob.*
Augmented Dickey-Fuller test statistic		-1.288798	0.6148
Test critical values:	1% level	-3.788030	
	5% level	-3.012363	
	10% level	-2.646119	

*MacKinnon (1996) one-sided p-values.

图 6-7 对 Y 进行单位根检验

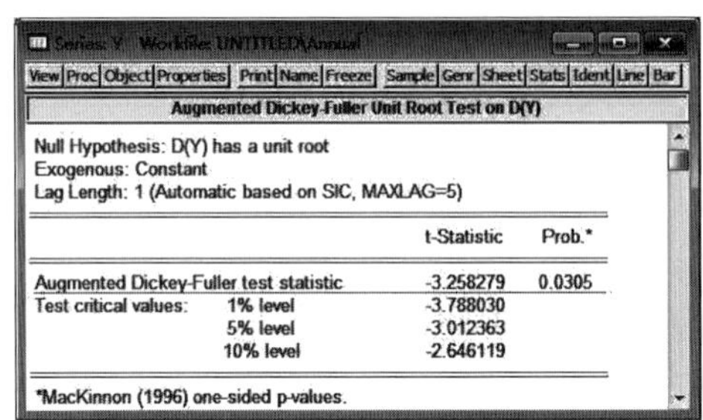

Series: Y Workfile: UNTITLED\Annual

View | Proc | Object | Properties | Print | Name | Freeze | Sample | Genr | Sheet | Stats | Ident | Line | Bar

Augmented Dickey-Fuller Unit Root Test on D(Y)

Null Hypothesis: D(Y) has a unit root
Exogenous: Constant
Lag Length: 1 (Automatic based on SIC, MAXLAG=5)

		t-Statistic	Prob.*
Augmented Dickey-Fuller test statistic		-3.258279	0.0305
Test critical values:	1% level	-3.788030	
	5% level	-3.012363	
	10% level	-2.646119	

*MacKinnon (1996) one-sided p-values.

图 6-8 对 Y 的一阶差分进行单位根检验

6.4.3 对人均消费支出 Y 和人均可支配收入序列 X 建立合适的回归模型

绘制两个变量的线性图，双击组对象 r，然后单击其工具条的“Views”，在下拉菜单中选择“Graph”→“Line”，如图 6-9 所示。

从图 6-9 中可以看出，两个变量具有长期均衡关系；然后绘制能反映变量之间关系的散点图，依然在组对象 r 窗口中点击“Views”→“Graph”→“Scatter”，结果如图 6-10 所示。

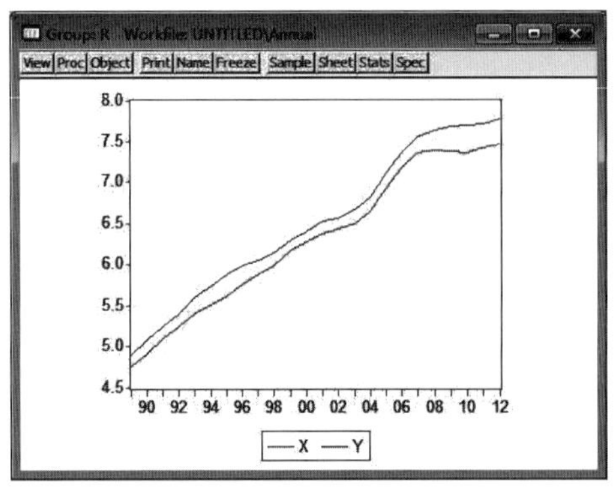

图 6-9 两个变量的线性趋势

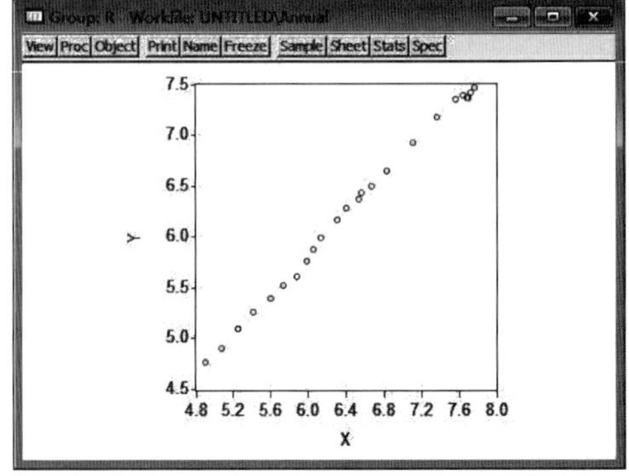

图 6-10 两个变量的散点图

X 与 Y 的散点图呈线性状，所以建立一元线性回归模型。单击工作文件的“Object”，在下拉菜单中选中“Equation”，出现如图 6-11 所示的对话框。

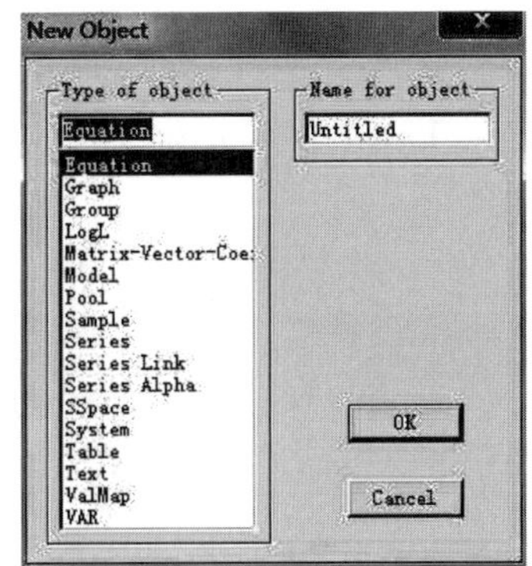

图 6-11　New Object 对话框

点击“OK”，出现如图 6-12 所示的对话框。

在方程框中输入因变量、自变量和常数项，如图 6-13 所示。

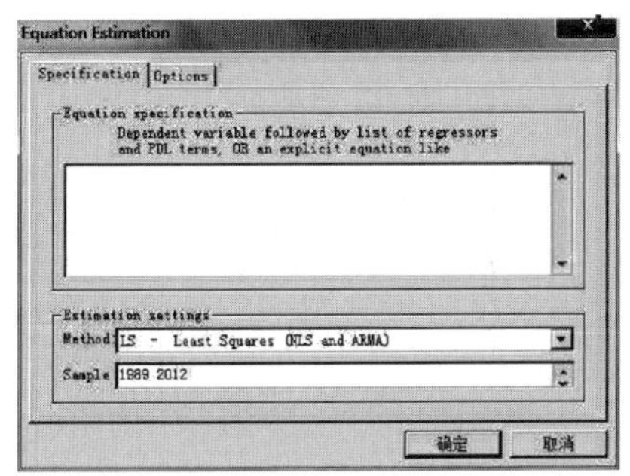

图 6-12　方程的估计窗口

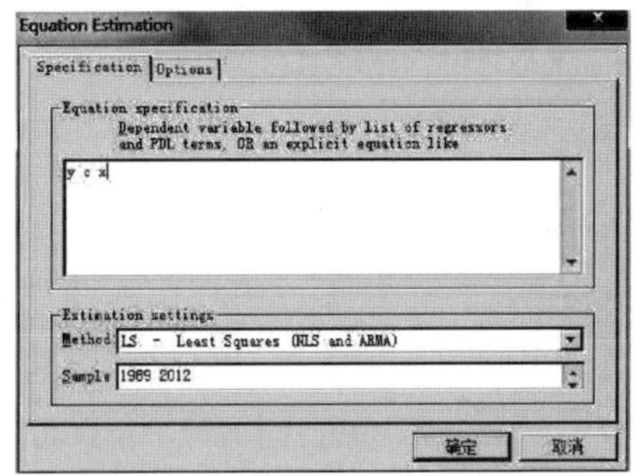

图 6-13　方程变量输入后的窗口

点击“确定”，得到如图 6-14 所示的结果。

由于常数项 t 统计量所对应的 p 值大于显著性水平 0.05，所以 t 统计量没有通过统计检验，所以应该去掉常数项重新拟合，结果如图 6-15 所示。

Equation: UNTITLED　Workfile: UNTITLED\Annual

View | Proc | Object | Print | Name | Freeze | Estimate | Forecast | Stats | Resids

Dependent Variable: Y
Method: Least Squares
Date: 08/18/13　Time: 12:35
Sample: 1989 2012
Included observations: 24

Variable	Coefficient	Std. Error	t-Statistic	Prob.
C	0.057600	0.076353	0.754392	0.4586
X	0.960011	0.011647	82.42691	0.0000

R-squared	0.996772	Mean dependent var	6.291672
Adjusted R-squared	0.996626	S.D. dependent var	0.883144
S.E. of regression	0.051301	Akaike info criterion	-3.022565
Sum squared resid	0.057899	Schwarz criterion	-2.924394
Log likelihood	38.27078	F-statistic	6794.195
Durbin-Watson stat	0.373675	Prob(F-statistic)	0.000000

图 6-14　回归结果

Equation: EQ02　Workfile: UNTITLED\Annual

View | Proc | Object | Print | Name | Freeze | Estimate | Forecast | Stats | Resids

Dependent Variable: Y
Method: Least Squares
Date: 08/18/13　Time: 12:36
Sample: 1989 2012
Included observations: 24

Variable	Coefficient	Std. Error	t-Statistic	Prob.
X	0.968715	0.001582	612.2133	0.0000

R-squared	0.996689	Mean dependent var	6.291672
Adjusted R-squared	0.996689	S.D. dependent var	0.883144
S.E. of regression	0.050818	Akaike info criterion	-3.080359
Sum squared resid	0.059397	Schwarz criterion	-3.031273
Log likelihood	37.96430	Durbin-Watson stat	0.367481

图 6-15　去掉常数项后的回归结果

X 的 t 统计量是显著的，R^2 高达 0.996689，说明线性回归能很好地拟合样本数据，但根据 DW 统计量可知，模型存在正自相关，所以要修正模型的自相关性，本章这里用自回归模型 AR（P）来消除随机扰动项的自相关。在方程框中输入“y x ar（1）”，如图 6-16 所示。

点击“确定”，经过对比最后使用一阶自回归模型修正自相关，其结果如图 6-17 所示。

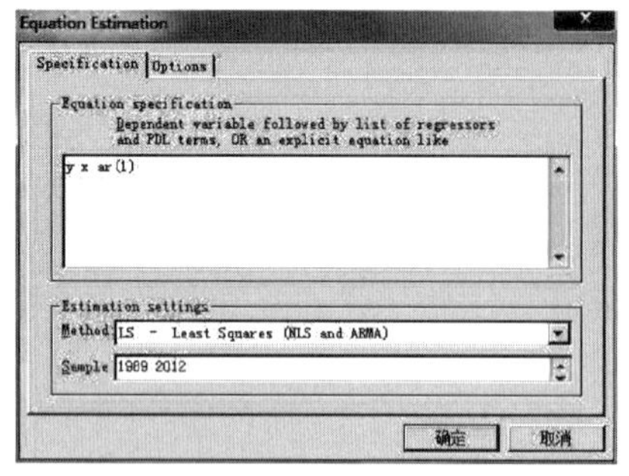

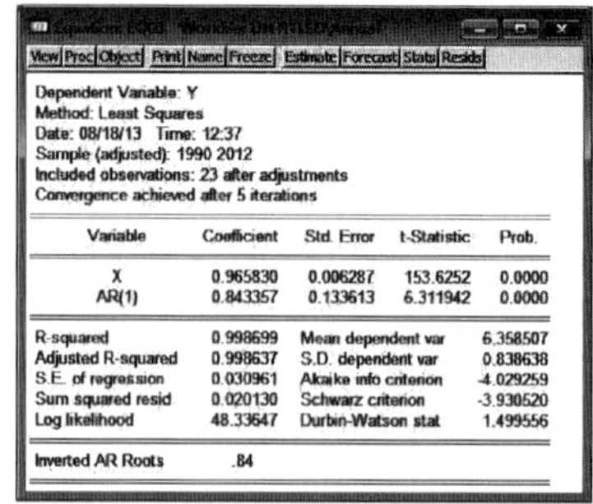

Dependent Variable: Y
Method: Least Squares
Date: 08/18/13 Time: 12:37
Sample (adjusted): 1990 2012
Included observations: 23 after adjustments
Convergence achieved after 5 iterations

Variable	Coefficient	Std. Error	t-Statistic	Prob.
X	0.965830	0.006287	153.6252	0.0000
AR(1)	0.843357	0.133613	6.311942	0.0000

R-squared	0.998699	Mean dependent var	6.358507
Adjusted R-squared	0.998637	S.D. dependent var	0.838638
S.E. of regression	0.030961	Akaike info criterion	-4.029259
Sum squared resid	0.020130	Schwarz criterion	-3.930520
Log likelihood	48.33647	Durbin-Watson stat	1.499556

Inverted AR Roots .84

图 6-16　在方程的估计窗口输入自回归 AR（P）模型　图 6-17　AR（1）模型回归结果

6.4.4　协整检验

由图 6-17 可知此模型能很好地拟合该地区的人均消费支出和人均可支配收入，那么结果是否是虚假回归，这需要根据协整理论对该模型进行协整检验。如果序列之间存在协整关系，则上述回归模型的结果可信，即可以用此模型预测 2013 年该地区的人均消费支出，可以采用以下方法来进行协整关系检验。

（1）第一种方法：Q 统计量检验。在方程对象的工具条单击“View”，在下拉菜单中选择“Residual Tests”→“Correlogram-Q-Statistics”，再选择残差序列的滞后阶数；如图 6-18所示。

可以指定残差序列相关的滞后阶数，这里采用默认的 12 阶。点击“OK”，得到图 6-19。

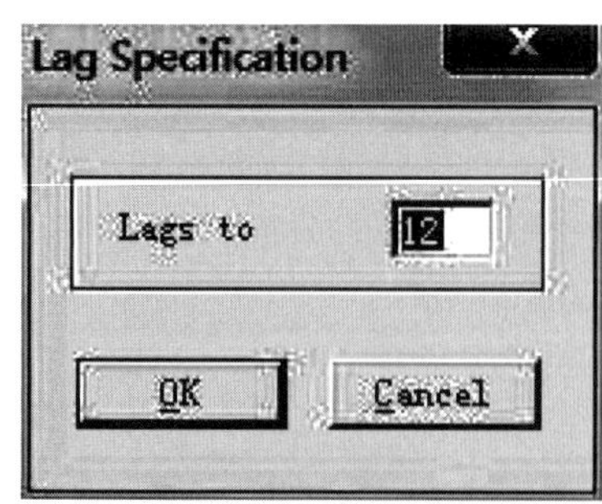

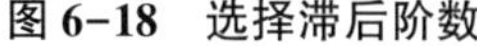

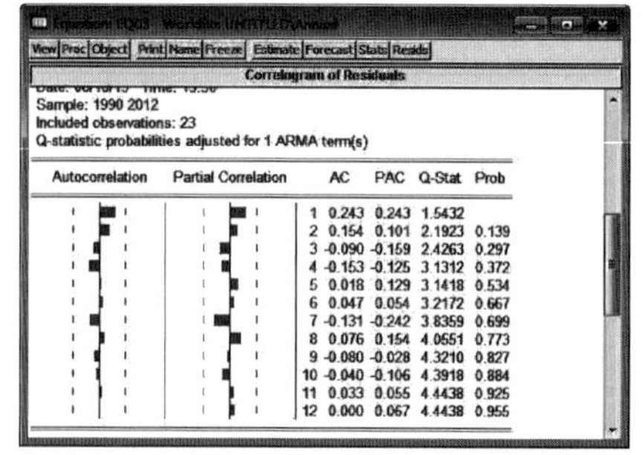

Correlogram of Residuals
Sample: 1990 2012
Included observations: 23
Q-statistic probabilities adjusted for 1 ARMA term(s)

	AC	PAC	Q-Stat	Prob
1	0.243	0.243	1.5432	
2	0.154	0.101	2.1923	0.139
3	-0.090	-0.159	2.4263	0.297
4	-0.153	-0.125	3.1312	0.372
5	0.018	0.129	3.1418	0.534
6	0.047	0.054	3.2172	0.667
7	-0.131	-0.242	3.8359	0.699
8	0.076	0.154	4.0551	0.773
9	-0.080	-0.028	4.3210	0.827
10	-0.040	-0.106	4.3918	0.884
11	0.033	0.055	4.4438	0.925
12	0.000	0.067	4.4438	0.955

图 6-18　选择滞后阶数　　图 6-19　残差序列的 Q 统计量检验

显示残差的自相关和偏自相关函数以及对应于高阶序列相关的 Q 统计量。如果残差不存在序列相关，在各阶滞后的自相关和偏自相关值都接近于零。所有的 Q 统计量不显著。根据 Q 统计量检验结果可知，上述回归模型的残差项是平稳序列，所以因变量 Y 和自变量 X 存在协整关系。

（2）第二种方法：LM 检验。同样点击方程框的“View”，在下拉菜单中选“Residual Tests”→“Serial-correlation LM Test”，选择滞后阶数，如图 6-20 所示。

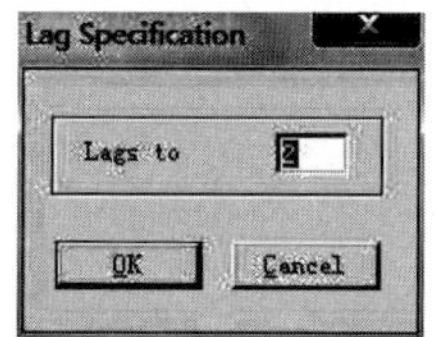

图 6-20　LM 检验中选择滞后阶数

选择检验的滞后阶数，默认为 2 阶，这里选默认阶数，检验输出结果如图 6-21 所示。

两个统计量对应的概率值远远大于通常给定的显著性水平 0.05，所以不能拒绝原假设，即残差序列是平稳的，从而可以判定该回归模型自变量和因变量存在协整关系。

（3）第三种方法：先生成残差序列，然后再分析残差序列的平稳性。单击方程框的“Proc”，然后在下拉菜单中选择“Make Residual Series”如图 6-22 所示。

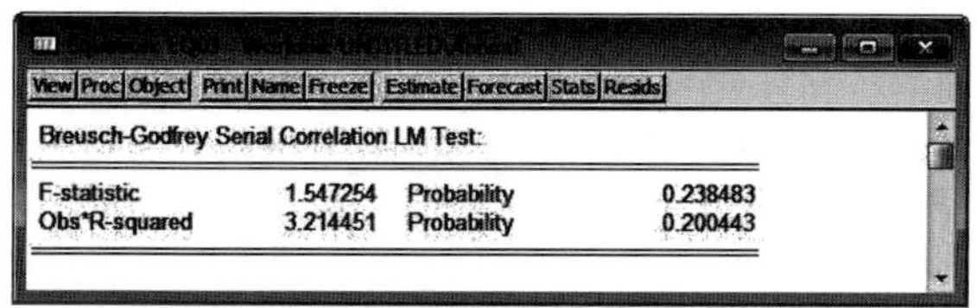

图 6-21　残差序列的 LM 检验

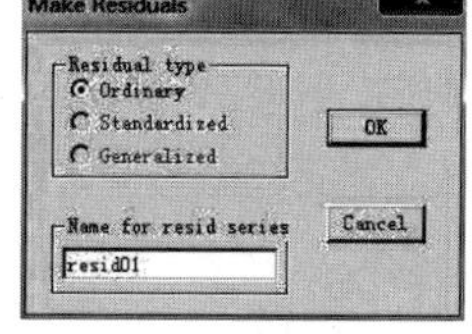

图 6-22　生成残差序列

可以重新命名残差序列的名字，默认名为 resid01，点击“OK”生成残差序列。在其工具条中选择“View”→“Unit Root Test”，选择 ADF 检验，结果如图 6-23 所示。

由于 ADF 统计量所对应的 p 值小于 0.05 显著性水平，所以模型的残差序列具有平稳性，由此也可以判定人均消费支出 Y 和人均可支配收入 X 之间存在协整关系。

6.4.5　模型预测

通过上述实验将 2013 年人均可支配收入的对数值 X = 7.789346 代入最后的拟合模型中可得 2013 年人均消费支出的对数值 Y = 7.523184047，求反对数即可得到 2013 年人均消费支出的实际值。EViews5.0 预测结果如图 6-24 所示。

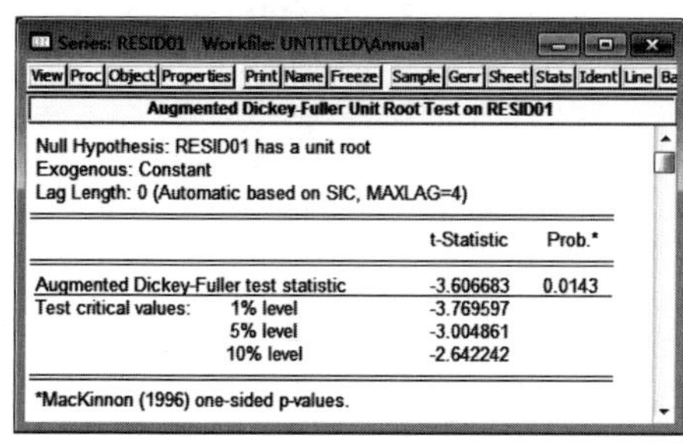

图 6-23　对残差序列进行单位根检验

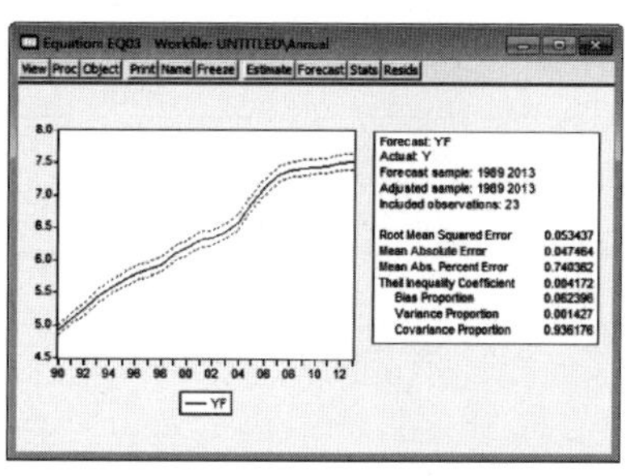

图 6-24　预测 2013 年人均消费支出对数值

6.5 实验小结

通过上述实验能够深入理解协整理论及其应用的条件、协整理论与回归模型的区别和联系、协整理论与 ARMA 之间的区别和联系，能够采用 EViews 软件判断变量间的协整关系及掌握相关的协整检验方法。

6.6 练习实验

表 6-2 为我国 1978~2008 年总进口和总出口统计情况，试根据数据的变动关系确定变量的协整关系，并建立适当的回归模型，并对 2009 年、2010 年、2011 年、2012 年进出口情况进行预测。

表 6-2 我国 1978~2008 年总进口和总出口统计情况 单位：亿元

年份	出口	进口	年份	出口	进口
1978	167.6	187.4	1994	10421.8	9960.1
1979	211.7	242.9	1995	12451.8	11048.1
1980	271.2	298.8	1996	12576.4	11557.4
1981	367.6	367.7	1997	15160.7	11806.5
1982	413.8	357.5	1998	15223.6	11626.1
1983	438.3	421.8	1999	16159.8	13736.4
1984	580.5	620.5	2000	20634.4	18638.8
1985	808.9	1257.8	2001	22024.4	20159.2
1986	1082.1	1498.3	2002	26947.9	24430.3
1987	1470.0	1614.2	2003	36287.9	34159.6
1988	1766.7	2055.1	2004	49103.3	46435.8
1989	1956.0	2199.9	2005	62648.1	54273.7
1990	2985.8	2574.3	2006	77594.6	63376.9
1991	3827.1	3398.7	2007	93455.6	73284.6
1992	4676.3	4443.3	2008	100394.7	79526.5
1993	5284.8	5986.2	—	—	—

第 7 章　马尔可夫预测

7.1　实验目的

（1）理解马尔可夫链的含义、性质、马尔可夫预测的基本原理。

（2）掌握应用 Excel 软件计算一步转移概率矩阵及 K 步转移概率矩阵的全过程。

（3）掌握马尔可夫预测的基本步骤，灵活应用 Excel 软件进行市场状态预测、市场占有率预测、终极市场占有率预测。

7.2　实验原理

7.2.1　马尔可夫预测的概念

马尔可夫预测法是应用随机过程中马尔可夫链的基本原理和方法研究分析现象的变化规律，进而预测其未来变化的一种方法。马尔可夫链是人类历史上第一个从理论上提出并加以研究的随机过程模型。它对于社会现象、经济现象的预测以及在经营决策等方面有着广泛的应用价值。本章利用马尔可夫链的性质，给出市场状态转移概率矩阵，运用转移矩阵技术，来研究它在市场预测和决策中的应用。

7.2.2　马尔可夫链及状态转移概率

随机过程是含有一个参数的随机变量族 $\{x_t\}$，$t\in T$。T 是某个实数集合。如 x_1，x_2，x_3，…，可以代表某种产品每日生产量或消费量的集合等。

一个随机过程 $\{x_t\}$，如果具有下述特性：

$$P\ (x_{t+1}=j\,|\,x_0=k_0,\ x_1=k_1,\ \cdots,\ x_{t-1}=k_{t-1},\ x_t=i)\ =P\ (x_{t+1}=j\,|\,x_t=i)$$

则称其为马尔可夫链。对马尔可夫链来说，任何一个未来“事情”的条件概率，只和现在的状态 $x_t=i$ 有关，而与任何过去的状态无关。随机过程的这一特性称为无后效性。马尔可夫链正是这种特殊的随机时间序列，具有无后效性的离散随机序列。

马尔可夫链的概率特性取决于条件概率。设 t 时期时间序列的状态为 $x_t=i$，则 $P\ (x_{t+1}\,|\,x_t=i)$ 被称为转移概率。

如果对于每一个 i 和 j 都满足：

$$P\ (x_{t+1}=j\,|\,x_t=i)\ =P\ (x_1=j\,|\,x_0=i),\ t=0,\ 1,\ \cdots \tag{7-1}$$

则称转移概率为一步转移概率，并用 P_{ij} 表示。P_{ij} 就是 t 时期出现状态 i 的条件下，（t+1）时期出现 j 的概率。这种只与 t 时期的状态有关系，而与（t-1）时期的状态无关的马尔可夫过程称为一重马尔可夫链。

一阶稳定的转移概率的存在也意味着，对于每一个 i，j 和 k（k=0，1，2，…），有：

$$P(x_{t+k}=j \mid x_t=i) = P(x_k=j \mid x_0=i) \tag{7-2}$$

这个条件概率一般用 $P_{ij}^{(k)}$ 表示，简称为 k 步转移概率，它是当随机变量 x 初始状态为 i 时，经过 k 个时间阶段变为 j 状态的概率。

7.2.3 转移概率矩阵及其性质

设马尔可夫链 x_t，t∈T 的状态空间为 S=｛1，2，3，…，n｝，则称由一步转移概率 p_{ij}（i，j=1，2，…，n）构成的 n 阶方阵为一步转移概率矩阵。

$$P=\begin{pmatrix} p_{11} & p_{12} & \cdots & p_{1n} \\ p_{21} & p_{22} & \cdots & p_{2n} \\ \vdots & \vdots & \vdots & \vdots \\ p_{n1} & p_{n2} & \cdots & p_{nn} \end{pmatrix} \tag{7-3}$$

一般地，由 k 步转移概率 $p_{tj}^{(k)}$，（i，j=1，2，…，n）构成的 n 阶方阵为 k 步转移概率矩阵。

$$P^{(k)}=\begin{pmatrix} p_{11}^{(k)} & p_{12}^{(k)} & \cdots & p_{1n}^{(k)} \\ p_{21}^{(k)} & p_{22}^{(k)} & \cdots & p_{2n}^{(k)} \\ \vdots & \vdots & \vdots & \vdots \\ p_{n1}^{(k)} & p_{n2}^{(k)} & \cdots & p_{nn}^{(k)} \end{pmatrix} \tag{7-4}$$

一步转移概率矩阵 $P=(p_{ij})_{n\times n}$ 描述了 t 时刻系统内各状态到（t+1）时刻系统内各状态的变化规律性。转移概率矩阵 p_{ij} 的第 i 行表示状态 i 保留与失去的概率，第 j 列表示状态 j 保留与获得的概率。

例如，某种产品销路有两种情况，令“1”为畅销，“2”为滞销。在相邻两个时期，其一步转移概率矩阵为：

$$P=\begin{pmatrix} p_{11} & p_{12} \\ p_{21} & p_{22} \end{pmatrix}$$

其中，p_{11} 表示从上一个时期到下一个时期继续保留畅销的概率；p_{12} 表示从上一个时期畅销转入下一个时期滞销的概率；p_{21} 表示从上一个时期滞销转入下一个时期畅销的概率；p_{22} 表示从上一个时期到下一个时期继续保留滞销的概率。

7.2.3.1 一步转移概率矩阵

由条件概率的性质可知，一步转移概率矩阵 $P=(p_{ij})_{n\times n}$ 具有如下性质：

（1）$p_{ij}\geqslant 0$（i，j=1，2，…，n）。

（2）$\sum_{j=1}^{n} p_{ij} = 1(i,\ j = 1,\ 2,\ \cdots,\ n)$。

7.2.3.2　K 步转移概率矩阵

类似一步转移概率矩阵，k 步转移概率矩阵具有如下性质：

（1）$p_{ij}^{(k)} \geqslant 0$（i，$j=1$，2，…，n）。

（2）$\sum_{j=1}^{n} p_{ij}^{(k)} = 1(i,\ j = 1,\ 2,\ \cdots,\ n)$。

7.2.3.3　二步转移概率矩阵

对于二步转移概率矩阵 $p^{(2)} = (p_{ij}^{(2)}\ {}_{n\times n}$，$p_{ij}^{(2)}$是从状态 i 出发经过一步转移概率到达状态 m（m=1，2，…，3），然后再从状态 m 经过一步转移到达状态 j。所以有：

$$p_{ij}^{(2)} = \sum_{m=1}^{n} p_{im} p_{mj}$$

因此，二步转移概率矩阵为：

$$P^{(2)} = \begin{pmatrix} p_{11}^{(2)} & p_{12}^{(2)} & \cdots & p_{1n}^{(2)} \\ p_{21}^{(2)} & p_{22}^{(2)} & \cdots & p_{2n}^{(2)} \\ \vdots & \vdots & \vdots & \vdots \\ p_{n1}^{(2)} & p_{n2}^{(2)} & \cdots & p_{nn}^{(2)} \end{pmatrix}$$

$$= \begin{pmatrix} \sum_{m=1}^{n} p_{1m}p_{m1} & \sum_{m=1}^{n} p_{1m}p_{m2} & \cdots & \sum_{m=1}^{n} p_{1m}p_{mn} \\ \sum_{m=1}^{n} p_{2m}p_{m1} & \sum_{m=1}^{n} p_{2m}p_{m2} & \cdots & \sum_{m=1}^{n} p_{2m}p_{mn} \\ \vdots & \vdots & \vdots & \vdots \\ \sum_{m=1}^{n} p_{mn}p_{m1} & \sum_{m=1}^{n} p_{mn}p_{m2} & \cdots & \sum_{m=1}^{n} p_{mm}p_{mn} \end{pmatrix}$$

$$= \begin{pmatrix} p_{11} & p_{12} & \cdots & p_{1n} \\ p_{21} & p_{22} & \cdots & p_{2n} \\ \vdots & \vdots & \vdots & \vdots \\ p_{n1} & p_{n2} & \cdots & p_{nn} \end{pmatrix} \begin{pmatrix} p_{11} & p_{12} & \cdots & p_{1n} \\ p_{21} & p_{22} & \cdots & p_{2n} \\ \vdots & \vdots & \vdots & \vdots \\ p_{n1} & p_{n2} & \cdots & p_{nn} \end{pmatrix}$$

$$= \begin{pmatrix} p_{11} & p_{12} & \cdots & p_{1n} \\ p_{21} & p_{22} & \cdots & p_{2n} \\ \vdots & \vdots & \vdots & \vdots \\ p_{n1} & p_{n2} & \cdots & p_{nn} \end{pmatrix}^2 = P^2$$

7.2.3.4　三步转移概率矩阵

类似地，三步转移概率矩阵有：

$p_{ij}^{(3)} = \sum_{m=1}^{n} p_{im}^{(2)} p_{mj}$，三步转移概率矩阵为 $P^{(3)} = P^3$。

一般地，k 步转移概率为 $p_{ij}^{(k)} = \sum_{m=1}^{n} p_{im}^{(k-1)} p_{mj}$，k 步转移概率矩阵为 $P^{(k)} = P^{k}$ 。经推导，k 步转移概率矩阵 $p^{(k)}$ 与一步转移概率矩阵 P 之间的关系为：$P^{(k)} = P^{k}$，k=1，2，3，⋯，即 k 步转移概率矩阵等于一步转移概率矩阵的 k 次幂。

7.2.4 稳定平衡状态

7.2.4.1 稳态概率向量

定理，设 P 为马尔可夫链的一步转移概率矩阵，如果存在概率向量 u=（u_1，u_2，⋯，u_n），使得 uP=u，则称 u 为 P 的稳态概率向量，或称为 P 的均衡点。

如果马尔可夫链的转移概率矩阵 P 的所有行向量都等于同一向量 u，则称 P 是由 u 构成的稳态矩阵。

7.2.4.2 转移概率矩阵存在稳态概率向量的条件

如果马尔可夫链的一步转移概率矩阵 P 是正规矩阵，P 一定存在均衡点 u。所谓正规概率矩阵即马尔可夫链的一步转移概率矩阵 P，如果存在自然数 k，使得 p^{k} 所有元素都是正数，则称 P 为正规概率矩阵。P 为正规概率矩阵，则有以下两点。

（1）设方阵 V 的每一行向量都是 P 的固定概率向量 u，则由 P 的各次幂组成的矩阵序列 P，P^2，P^3，⋯，P^k，当 k 趋于无穷时，有：

$$\lim_{k\to\infty} P^{k} = V \tag{7-5}$$

这说明一个系统经过无穷多次的状态转移后，几乎以相同的分布转移到系统内的各个状态。系统将表现出稳定状态。

（2）设 P^0 是任意概率向量，则向量序列 p^0P，p^0P^2，⋯，p^0P^k，当 k 趋于无穷时，有：

$$\lim_{k\to\infty} p^{0} P^{k} = u \tag{7-6}$$

其含义表明，无论最初系统处于什么状态，经充分多次的转移后，系统最终会处于均衡状态。

7.2.5 马尔可夫预测——市场状态预测

可以根据转移概率按照最大概率原则对市场状态进行预测。

7.2.5.1 预测一步系统变化最可能出现的状态

第一步，划分预测对象（系统）状态。

第二步，对目前市场占有情况进行调查，计算状态的初始概率。

初始概率是指状态出现的概率。当状态概率的理论分布未知时，若样本容量足够大，可用样本分布近似地描述状态的理论分布。因此，可用状态出现的频率近似地估计状态出现的概率。

设有个 N 状态 x_1，x_2，…，x_n ，共观察了 M 各时期，可以计算状态 $x_i(i=1, 2, \cdots, n)$ 共出现的初始频数为 M_i 次。由此，可计算 M_i 出现的频率：

$$f_i = \frac{M_i}{M}$$

一般用 f_i 近似地表示 x_i 出现的频率 p_i ，即 $p_i \approx f_i(i=1, 2, \cdots, n)$ 。

第三步，计算状态转移概率。

同理，仍以频率近似地表示概率，即以状态 x_i 转移到 x_j 的频率 f_{ij} 近似地表示状态 x_i 转移到 x_j 的概率 p_{ij} 。

已知状态 $x_i(i=1, 2, \cdots, n)$ 共出现了 M_i 次，接着从 M_i 个 x_i 出发，下一步转移到 x_j 的个数若为 M_{ij} 个，则：

$$f_{ij} = \frac{M_{ij}}{M_i} \approx p(x_j \mid x_i) = p_{ij}$$

于是得到一步转移概率矩阵：

$$P = \begin{bmatrix} p_{11} & p_{12} & p_{1j} & p_{1n} \\ p_{21} & p_{22} & p_{2j} & p_{2n} \\ p_{i1} & p_{i2} & p_{ij} & p_{in} \\ p_{n1} & p_{n2} & p_{nj} & p_{nn} \end{bmatrix}$$

第四步，进行预测。如果预测对象目前处于状态 x_i ，而 p_{ij} 表示目前状态处于 x_i 在下一时期将转向状态 $x_j(i=1, 2, \cdots, n)$ 的概率。按最大概率原则，取（p_{i1}，p_{i2}，…，p_{in}）中最大者对应的状态为预测结果。即：

$$\max\{p_{i1}, p_{i2}, \cdots, p_{in}\} = p_{ik}$$

本章采用例子形式介绍马尔可夫预测，某厂最近 20 个月的某产品销售额如表 7-1 所示。

表 7-1　某产品销售额统计资料　　单位：万元

时间	1	2	3	4	5	6	7	8	9	10
销售额	50	55	90	130	120	48	50	60	72	100
时间	11	12	13	14	15	16	17	18	19	20
销售额	120	140	150	130	65	80	55	90	120	130

根据表 7-1 的数据，试预测第 21 个月的产品销售状况。

（1）根据企业的具体经营状况划分状态：①销售额<60 万元，属于滞销。②60 万元≤销售额≤100 万元，经营一般。③销售额>100 万元，属于畅销。

（2）各状态出现的初始频数：①产品处于滞销状态的频数 $M_1=5$。②产品处于一般销售状态的频数 $M_2=7$。③产品处于畅销状态的频数 $M_3=8$。

（3）计算状态转移概率：

$$M_{11}=2, M_{12}=3, M_{13}=0$$

$$M_{21}=1, M_{22}=3, M_{23}=3$$

$$M_{31}=1, M_{32}=1, M_{33}=5$$

所以有：

$$p_{11}=\frac{2}{5},\ p_{12}=\frac{3}{5},\ p_{13}=0$$

$$p_{21}=\frac{1}{7},\ p_{22}=\frac{3}{7},\ p_{23}=\frac{3}{7}$$

$$p_{31}=\frac{1}{7},\ p_{32}=\frac{1}{7},\ p_{33}=\frac{5}{7}$$

即状态转移矩阵为：

$$P=\begin{pmatrix}\frac{2}{5} & \frac{3}{5} & 0\\ \frac{1}{7} & \frac{3}{7} & \frac{3}{7}\\ \frac{1}{7} & \frac{1}{7} & \frac{5}{7}\end{pmatrix}$$

（4）预测第 21 个月的产品销售额状况，该厂产品在第 20 个月处于畅销状态，又由状态转移概率矩阵可知，该产品由畅销状态经一步转移其三种状态的概率分别为：

$$p_{31}=\frac{1}{7},\ p_{32}=\frac{1}{7},\ p_{33}=\frac{5}{7}$$

所以，该产品第 21 个月的销售状况为畅销状态，产品销售额可能大于 100 万元。

7.2.5.2 未来 k 时期的市场状态预测

对未来 k 时期的状态预测，与一步系统状态转移预测的基本原理和步骤类似。因为 k 步状态转移概率矩阵等于一步状态转移概率矩阵的 k 次幂。

7.2.6 马尔可夫预测——市场占有率预测

马尔可夫链在初始时刻可能处于状态空间中的任一状态，因此，初始时刻的概率分布被称为初始分布（也称初始状态向量），记为：

$$S^{(0)}=(p_1^0,\ p_2^0,\ \cdots,\ p_n^0) \tag{7-7}$$

马尔可夫链在 t 时刻的绝对分布等于初始分布与 t 步转移概率矩阵的乘积，即

$$(p_1^t,\ p_2^t,\ \cdots,\ p_n^t)=(p_1^0,\ p_2^0,\ \cdots,\ p_n^0)\ P(t) \tag{7-8}$$

根据全概率公式可得：

$$p_j^t=p\{Z_t=j\}=\sum_{i=1}^{n}P\{Z_0=i\}\ P\{Z_t=j\mid Z_0=i\}=\sum_{i=1}^{n}p_i^0p_{ij}(0,\ t)=\sum_{i=1}^{n}p_i^0p_{ij}(t)$$

由向量与矩阵的乘法可知，p_j^t 恰好是 $(p_1^0,\ p_2^0,\ \cdots,\ p_n^0)\ P(t)$ 的第 j 个分量（j=1，2，…，n）。因此有：

$$(p_1^t,\ p_2^t,\ \cdots,\ p_n^t)=(p_1^0,\ p_2^0,\ \cdots,\ p_n^0)\ P(t)$$

马尔可夫链预测模型就是利用概率分布建立一种随机时序模型进行预测的方法。由马尔可夫链预测的基本原理，建立市场占有率的数学模型如下：

$$S^{(k)}=S^{(0)}P^{(k)} \tag{7-9}$$

式（7-9）中，$S^{(0)}$为预测对象的初始状态向量，P 为一步转移概率矩阵，$P^{(k)}$为 k 步转移概率矩阵，$S^{(k)}$ 是预测对象 t=k 时刻的状态向量即预测结果。

可以采用马尔可夫链来预测基本企业其产品的市场占有率。因为企业产品下一期末的市场占有率状况是在本期末市场占有率情况的基础上，在下一期内通过市场竞争以后，也就是顾客在各销售者之间转移，形成暂时的市场销售趋势，即企业下一期的市场占有率取决于本期市场占有率及转移概率矩阵。因此，可由马尔可夫链模型预测产品市场占有率。

假设有 n 家企业生产某种产品，它们在市场上的现时市场占有率为：

$$S^{(0)} = \begin{pmatrix} S_1^{(0)} & S_2^{(0)} & \cdots & S_n^{(0)} \end{pmatrix}$$

其中，$S_1^{(0)}$ 表示企业 1 在市场上的现时市场占有率；$S_n^{(0)}$ 表示企业 n 在市场上的现时市场占有率；$S^{(0)}$ 为初始市场占有率向量。

市场转移概率矩阵为：

$$P = \begin{pmatrix} p_{11} & p_{12} & \cdots & p_{1n} \\ p_{21} & p_{22} & \cdots & p_{2n} \\ \vdots & \vdots & \vdots & \vdots \\ p_{n1} & p_{n2} & \cdots & p_{nn} \end{pmatrix}$$

其中，p_{11}，p_{22}，…，p_{nn} 表示各企业保留上一时期顾客的概率。其他数值表示两种含义，如 p_{12} 表示的第一种含义是企业 1 失去顾客的概率；第二种含义是企业 2 由企业 1 转来顾客的概率。

由马尔可夫链的原理和概率理论，n 家企业下一期的市场占有率为：

$$S^{(1)} = \begin{pmatrix} S_1^{(1)} & S_2^{(1)} & \cdots & S_n^{(1)} \end{pmatrix}$$

则：

$$S^{(1)} = \begin{pmatrix} S_1^{(0)} & S_2^{(0)} & \cdots & S_n^{(0)} \end{pmatrix} \begin{pmatrix} p_{11} & p_{12} & \cdots & p_{1n} \\ p_{21} & p_{22} & \cdots & p_{2n} \\ \vdots & \vdots & \vdots & \vdots \\ p_{n1} & p_{n2} & \cdots & p_{nn} \end{pmatrix} = S^{(0)} P$$

一般地，经过 k 个时期 n 家企业的产品市场占有率 S^k 为：

$$S^k = S^0 P^k$$

可见，经过 k 个时期 n 家企业的产品市场占有率 S^k 是由初始市场占有率与一步转移概率矩阵的 k 次幂①决定的。

7.2.7　终极市场占有率预测

7.2.7.1　终极市场占有率

所谓稳定的市场平衡状态，就是顾客的流动将对市场占有率不起影响，亦即在顾客流动过程中，各种商品其丧失的顾客将与其争取到的顾客相互抵消。这时的市场占有率称为稳定状态市场占有率，也称为终极市场占有率。

① 由前文推导可知：$p^{(k)} = p^k$。

在企业生产经营过程中，经营决策常常需要预测产品的长期市场占有率，即终极市场占有率。那么，如何预测产品的终极市场占有率，关键在于求解稳态概率向量。

7.2.7.2 稳态概率向量的求解

如果转移概率矩阵 P 是正规概率矩阵，那么，P 有唯一的均衡点 $x=(x_{1,}x_2, \cdots, x_n)$，于是，在市场达到稳定状态时，各种品牌的终极市场占有率为$(x_{1,}x_2, \cdots, x_n)$。

设 V 是由 x 构成的 p 的稳态矩阵，由式 7-5 可知：

$$\lim_{k\to\infty}P^k=V$$

对于充分大的 k 有：

$$p\ (k)\ =V$$

且公式$\lim\limits_{k\to\infty}p_{ij}^{(k)}=x_j$ 中的 x_j，$j=1, 2, \cdots, n$ 为方程组：

$$x_j = \sum_{i=1} x_i p_{ij} \tag{7-10}$$

在条件：

$$x_j > 0, \ \sum_{i=1}^{n} x_i = 1 \tag{7-11}$$

下有唯一解。

由式（7-11）可知，$(x_{1,}x_2, \cdots, x_n)$ 为概率分布，称为马尔可夫链 $\{X_n, n\geqslant 0\}$ 的极限分布。

解由式（7-10）和式（7-11）联立的方程组即可求得极限分布。

解如下方程组：

$$\begin{cases} P_{11}x_1+P_{21}x_2+\cdots+P_{n1}x_n=x_1 \\ P_{12}x_1+P_{22}x_2+\cdots+P_{n2}x_n=x_2 \\ \vdots \qquad \vdots \qquad \vdots \qquad \vdots \\ P_{1n}x_1+P_{2n}x_2+\cdots+P_{nn}x_n=x_n \\ x_1+x_2+\cdots+x_n=1 \end{cases}$$

以上方程组称为稳态方程，是一个线性代数方程组。式中有 n 个未知变量，（n+1）个方程，说明其中一个方程不独立，剔除其中的第 n 个方程。将其写成矩阵形式：

$$\begin{pmatrix} (P_{11}-1) & P_{21} & \cdots & P_{n1} \\ P_{12} & (P_{22}-1) & \cdots & P_{n2} \\ \vdots & \vdots & \vdots & \vdots \\ 1 & 1 & 1 & 1 \end{pmatrix} \begin{pmatrix} x_1 \\ x_2 \\ \vdots \\ x_n \end{pmatrix} = \begin{pmatrix} 0 \\ 0 \\ \vdots \\ 1 \end{pmatrix}$$

且令：

$$P_1=\begin{pmatrix} (P_{11}-1) & P_{21} & \cdots & P_{n1} \\ P_{12} & (P_{22}-1) & \cdots & P_{n2} \\ \vdots & \vdots & \vdots & \vdots \\ 1 & 1 & 1 & 1 \end{pmatrix}, \ X^{(n)}=\begin{pmatrix} x_1 \\ x_2 \\ \vdots \\ x_n \end{pmatrix}, \ B=\begin{pmatrix} 0 \\ 0 \\ \vdots \\ 1 \end{pmatrix}$$

则：$P_1X^{(n)}=B$

$$X^{(n)}=P_1^{-1}B \tag{7-12}$$

由式（7-12）求得$(X^{(n)})^T$即是马尔可夫链的稳态概率向量$(x_1, x_2, \cdots, x_n)$，x_j为马尔可夫链的稳态概率。

7.3　实验数据

【案例 7-1】供应商 1、供应商 2 和供应商 3 是北京市三家牛奶供应商。2020 年 12 月份对 2000 名消费者展开调查。得到转移频率矩阵如下：

$$N=\begin{pmatrix} 320 & 240 & 240 \\ 360 & 180 & 60 \\ 360 & 60 & 180 \end{pmatrix}$$

试对三家供应商 2021 年 1~7 月的市场占有率进行预测。

【案例 7-2】某汽车修理公司在北京市有甲、乙、丙 3 家修理厂，经过几年的发展公司形成了一定规模且稳定的客户群。对客户调查的结果显示，客户在甲、乙、丙 3 家修理厂之间的转移概率为：

$$P=\begin{pmatrix} 0.8 & 0.2 & 0 \\ 0.2 & 0 & 0.8 \\ 0.2 & 0.2 & 0.6 \end{pmatrix}$$

由于公司的原因，公司目前打算只对其中的一家修理厂进行扩大规模。试分析应选择哪家修理厂。

【案例 7-3】已知某商业银行账户未结清的客户共有 800 户。其中，欠款时间为 1 年的 400 户，2 年的 250 户，3 年的 150 户。银行规定，如果 3 年后仍不还款，则将其列入呆账。根据以往经验，还款情况随时间变化的概率分布如表 7-2 所示。试分析两年后应收款项的分布情况以及应收账款的最终分布情况。

表 7-2　还款情况随时间变化的概率分布

概率分布	1	2	3	还钱	呆账
1	0	0.3	0	0.6	0.1
2	0	0	0.5	0.3	0.2
3	0	0	0	0.4	0.6
还清	0	0	0	1	0
呆账	0	0	0	0	1

7.4 实验过程

7.4.1 案例 7-1 实验过程

（1）计算一步转移概率矩阵。

首先统计每家供应商的购买人数，即计算各行数据之和，如图 7-1 所示。

输入公式 sum（A1：C1），计算第一行值的和，然后按“Enter”键，得到和为 800，点鼠标左键向下拖到 D3，便得到每一行的和，如图 7-2 所示。

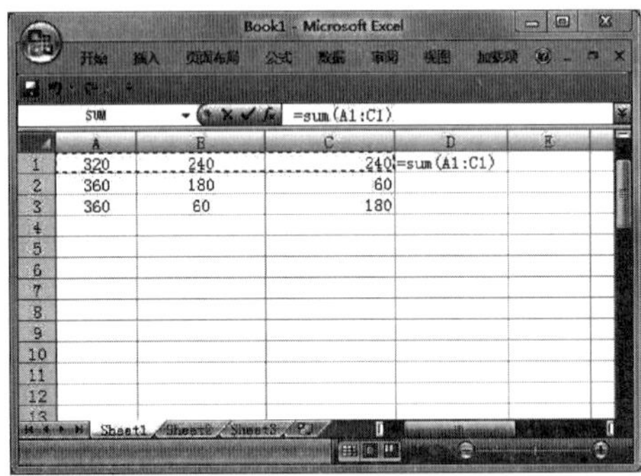

图 7-1　计算购买人数

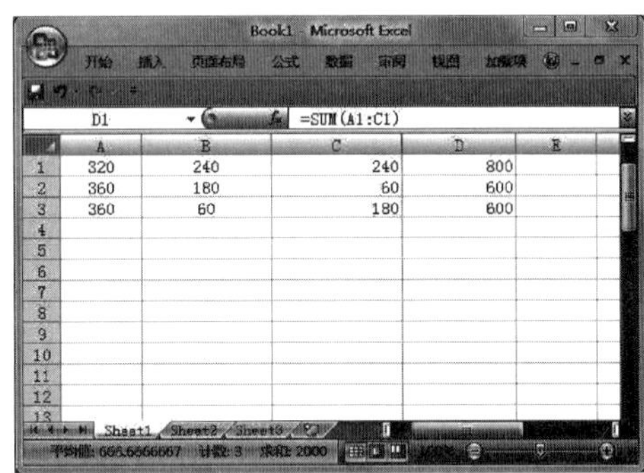

图 7-2　计算每一行的和

然后用每一行中的每一个数据分别除以该行数据之和，即可得到转移概率矩阵 P，如图 7-3 所示。

（2）计算初始状态向量，分别用 800、600、600 除以 2000，从而得到 2020 年 12 月各供应商的市场占有率，如图 7-4 所示。

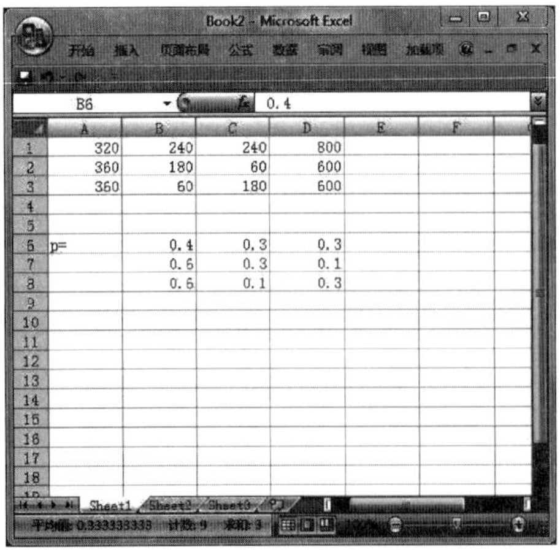

	A	B	C	D
1	320	240	240	800
2	360	180	60	600
3	360	60	180	600
6	p=	0.4	0.3	0.3
7		0.6	0.3	0.1
8		0.6	0.1	0.3

图 7-3　计算转移概率矩阵

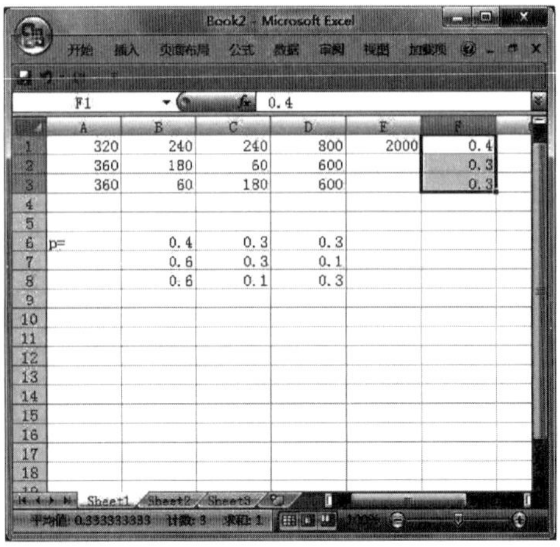

	A	B	C	D	E	F
1	320	240	240	800	2000	0.4
2	360	180	60	600		0.3
3	360	60	180	600		0.3
6	p=	0.4	0.3	0.3		
7		0.6	0.3	0.1		
8		0.6	0.1	0.3		

图 7-4　计算初始市场占有率

（3）预测 2021 年 1 月三家供应商的市场占有率。

首先，用鼠标选中 B5：D5 区域以存储 2021 年 1 月三家供应商的市场占有率，如图 7-5所示。

然后点击主菜单中的“公式”，下拉菜单中选择“插入函数”，出现如图 7-6 所示的对话框：

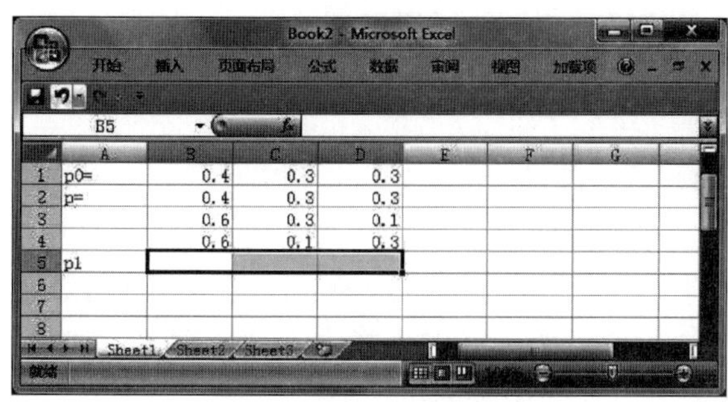

图 7-5　选中存储数据区域

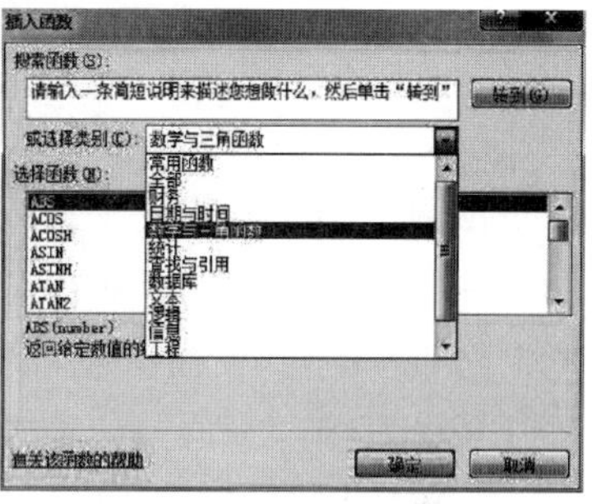

图 7-6　插入函数对话框

在“或选择类别”中选中数学与三角函数，在“选择函数”中选择“MMULT”函数点击“确定”，结果如图 7-7 所示。

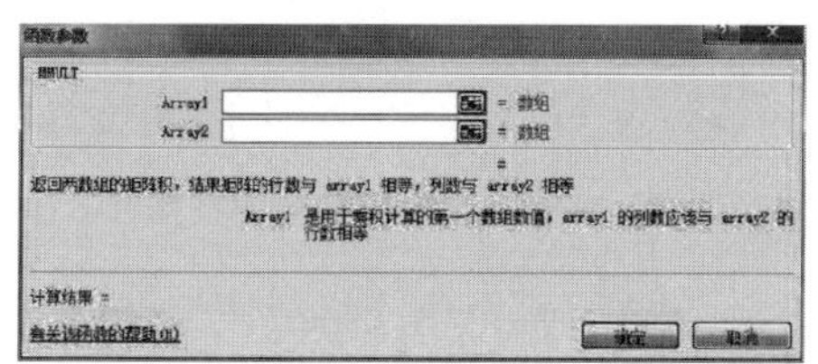

图 7-7　MMULT 函数对话框

在数组 Array1 输入初始状态的市场占有率的单元格范围 B1：D1，同样在数组 Array2 中输入一步转移概率矩阵的单元格范围 B2：D4，如图 7-8 所示。

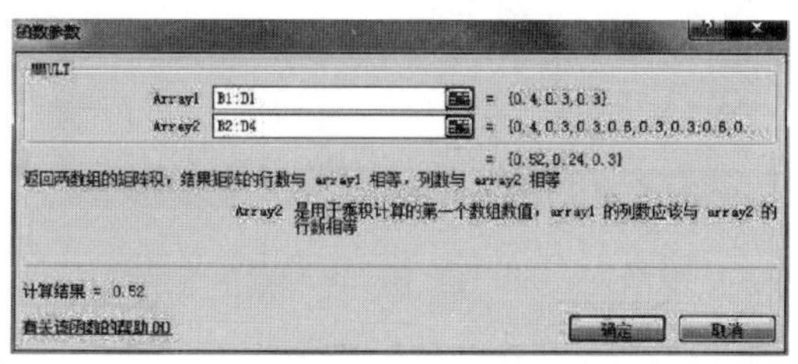

图 7-8　选中数据范围

需要特别注意的是，不要点击“确定”，如果点击“确定”则会输出单个值，2021 年 1 月三家供应商的市场占有率预测如图 7-9 所示。

先按 F2 使表格处于编辑状态，然后同时按键盘上的“Ctrl”，“Shift”，“Enter”，输出单元格区域为 B5：D5，即供应商 1 预计 2021 年 1 月市场占有率为 0. 52，供应商 2 预计 2021 年 1 月市场占有率为 0. 24，供应商 3 预计 2021 年 1 月市场占有率为 0. 24（见图 7-9）。

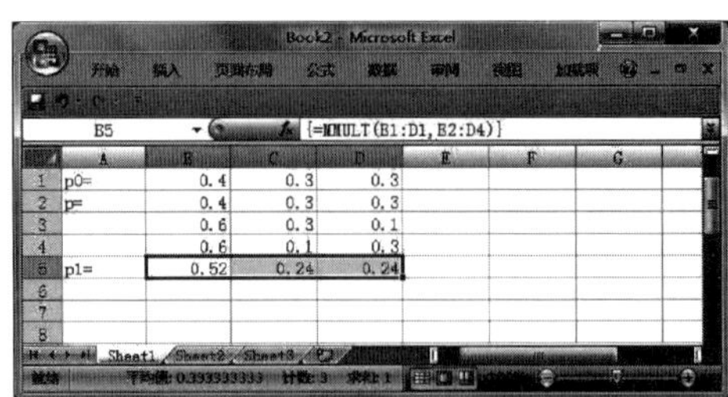

B5 {=MMULT(B1:D1,B2:D4)}

	A	B	C	D
1	p0=	0.4	0.3	0.3
2	p=	0.4	0.3	0.3
3		0.6	0.3	0.1
4		0.6	0.1	0.3
5	p1=	0.52	0.24	0.24

图 7-9　2021 年 1 月市场占有率预测

(4) 预测 2021 年 2 月三家供应商市场占有率。

用鼠标选中存储单元格 B6：D6，按照上面的步骤点击主菜单中的"公式"，在下拉菜单中选择"插入函数"，在"或选择类别"中选中数学与三角函数，在"选择函数"中选择"MMULT"函数，修改数组 Array1 输入 2021 年 1 月的市场占有率，即 B5：D5，数组 Array2 中输入一步转移概率矩阵 B2：D4，如图 7-10 所示。

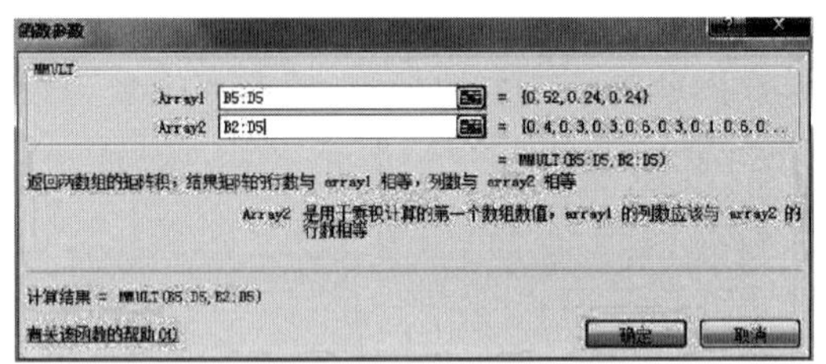

图 7-10　重新选择数据范围

同时按"Ctrl""Shift""Enter"，输出单元格区域为 B6：D6，结果如图 7-11 所示。

B6 {=MMULT(B5:D5,B2:D4)}

	A	B	C	D
1	p0=	0.4	0.3	0.3
2	p=	0.4	0.3	0.3
3		0.6	0.3	0.1
4		0.6	0.1	0.3
5	p1=	0.52	0.24	0.24
6	p2=	0.496	0.252	0.252

图 7-11　2021 年 2 月市场占有率预测

根据图 7-11 得到供应商 1、供应商 2 和供应商 3 预计 2021 年 2 月市场占有率分别为 0.496、0.252、0.252。

(5) 类似地，可以计算三家供应商 3 月、4 月、5 月、6 月、7 月的市场占有率，其最终结果如图 7-12 所示。

从结果可以看到，供应商 1 的市场占有率随时间的推移逐渐稳定在 50%，而供应商 2 和供应商 3 的市场占有率也都逐渐稳定在 25%。

由于转移概率矩阵 P 是正规矩阵，因此 P 的唯一均衡点为 $\mu=(0.5\quad 0.25\quad 0.25)$。由定

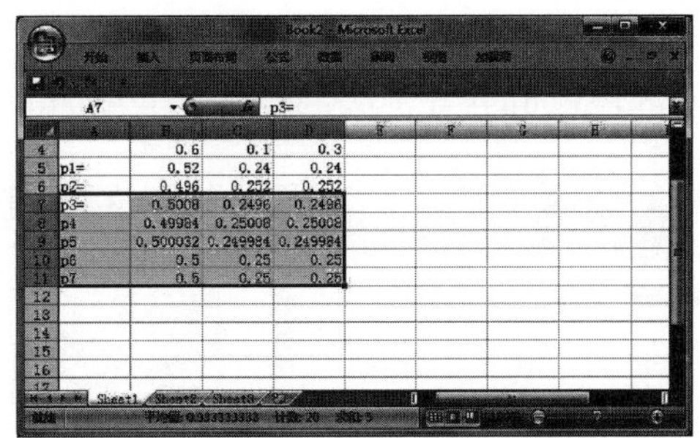

图 7-12　三家供应商最终预测结果

理可知，$\lim\limits_{k\to\infty} p^0 \cdot P^k = \mu = (0.5\quad 0.25\quad 0.25)$，即随着时间的推移，三家供应商的市场占有率逐渐趋于稳定。当市场达到均衡状态时，各供应商的市场占有率分别为 50%、25%和 25%。

7.4.2　案例 7-2 实验过程

（1）判断一步转移概率矩阵是否为正规矩阵。

用鼠标选中 B7：D9，如图 7-13 所示。

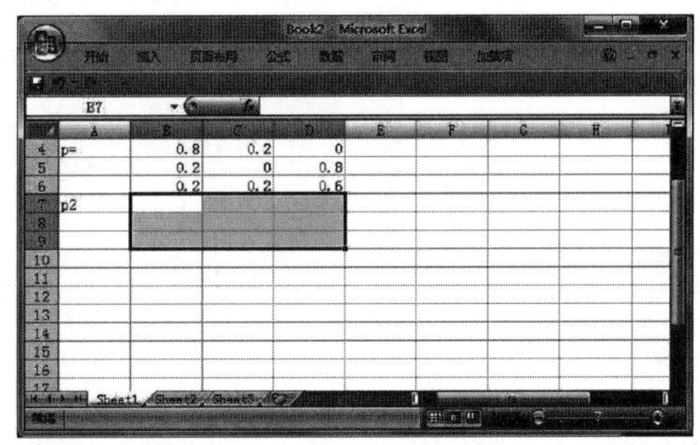

图 7-13　选中区域

按照案例 1 的步骤选择“MMULT”函数，如图 7-14 所示。

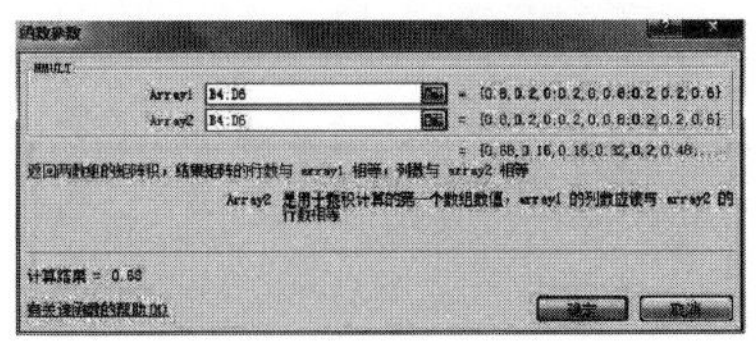

图 7-14　在 MMULT 对话框中选择数据范围

在矩阵 Array1 和矩阵 Array2 中输入客户转移概率矩阵单元格范围 B4：D6，

按“F2”，然后同时按“Ctrl”“Shift”“Enter”，得到如图 7-15 所示的结果。

由于一步转移概率矩阵平方后的矩阵 P^2 的所有元素都大于 0，所以 P 是正规矩阵。因此 P 存在唯一的概率向量。

（2）根据公式求稳态时甲、乙、丙三家修理厂客户群的比例。

首先求一步转移概率矩阵的转置，用鼠标选中矩阵，点右键“复制”，选择区域 B10：D12，点鼠标右键，选中“选择性粘贴”，出现如图 7-16 所示的对话框：

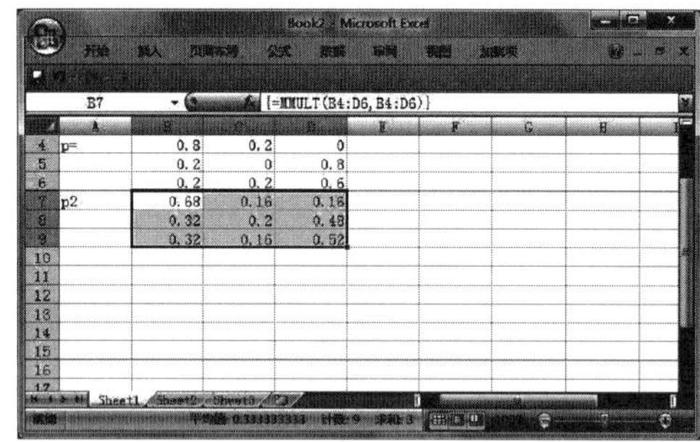

图 7-15　计算矩阵 P^2

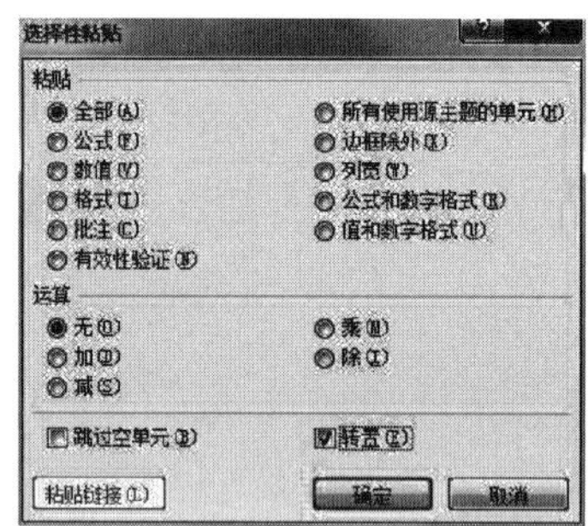

图 7-16　选择性粘贴对话框

选中“转置”，点“确定”，便得到转置矩阵 P（3），如图 7-17 所示。

将矩阵 P（3）最后一行去掉，添加上方程，即向量［1，1，1］，如图 7-18 所示。

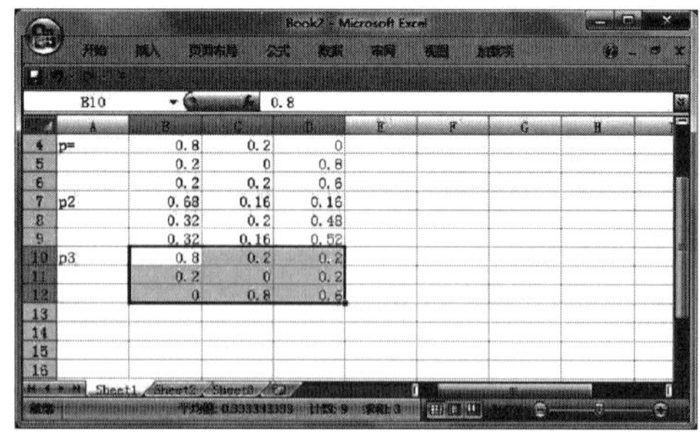

图 7-17　转置得到矩阵 P3

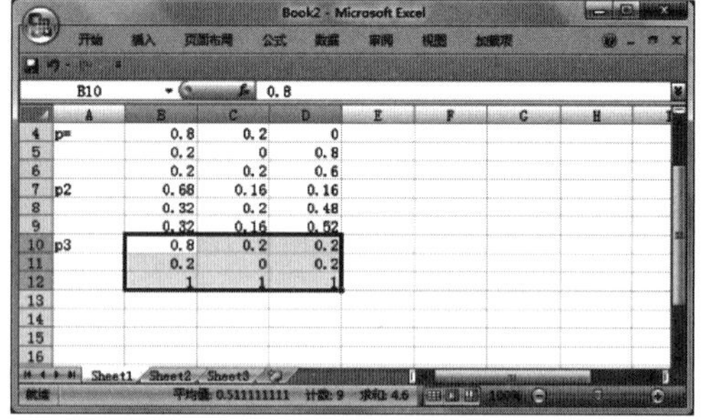

图 7-18　替换数据

计算除最后元素外主对角线所有元素与 1 的差，结果如图 7-19 所示。

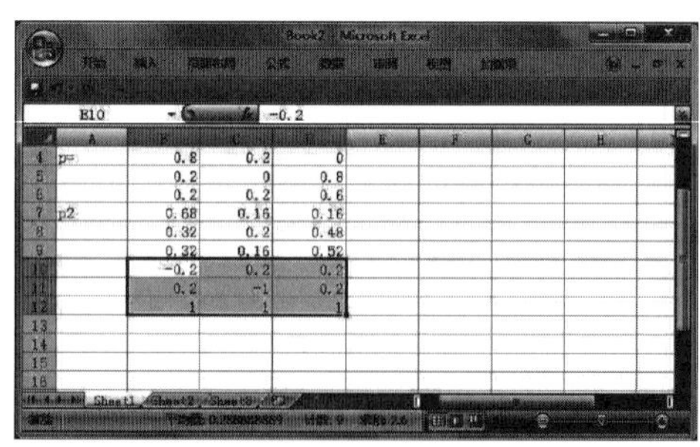

图 7-19　计算元素与 1 的差

接下来求此矩阵的逆矩阵。选中存储的区域 B13：D15，单击主菜单中的“公式”，在其下拉菜单中选择“插入函数”，在“或选择类别”选择数学与三角函数，在选择函数中选择“MINVERSE”求逆矩阵，其对话框如图 7-20 所示。

点击“确定”出现如图 7-21 所示的对话框。

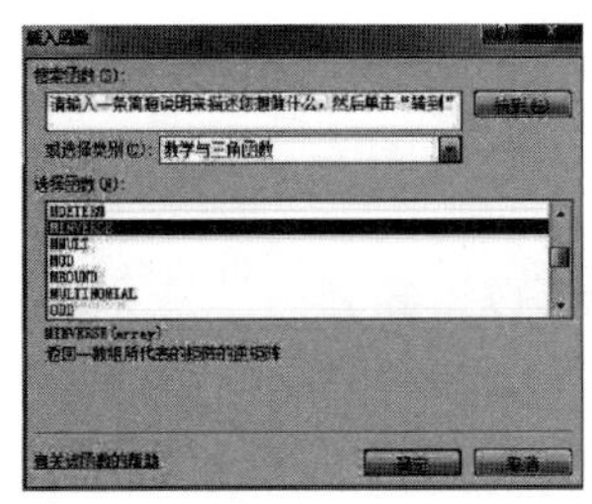

图 7-20　选择 MINVERSE 函数

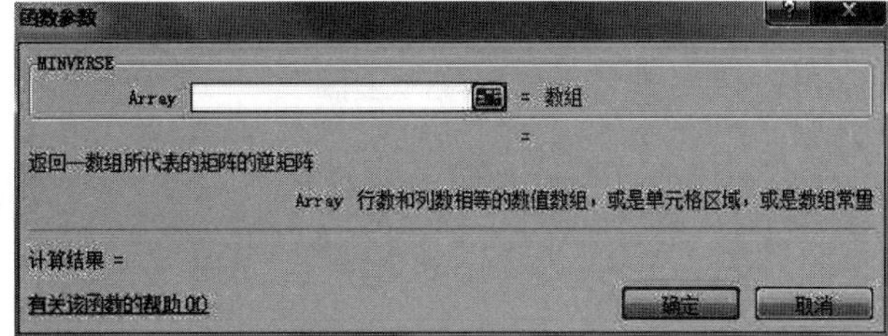

图 7-21　MINVERSE 函数对话框

在数组 Array 输入矩阵单元格位置 B10：D12，然后按"F2"使其处在编辑状态，再同时按"Ctrl""Shift""Enter"，得到逆矩阵如图 7-22 所示。

根据马尔可夫稳态模型，方程右侧为向量［0，0，1］的转置，如图 7-23 所示。

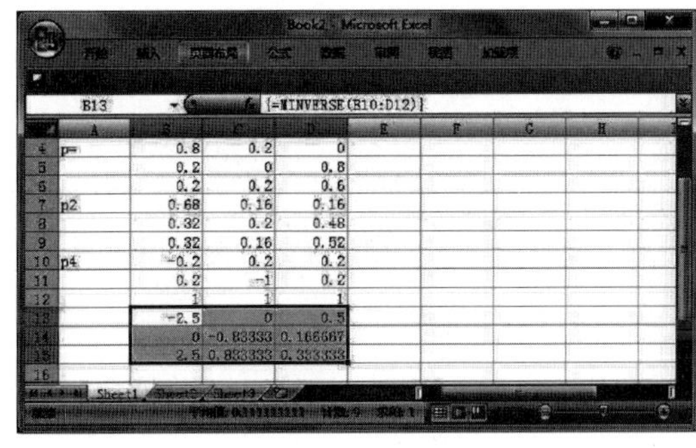

图 7-22　得到逆矩阵

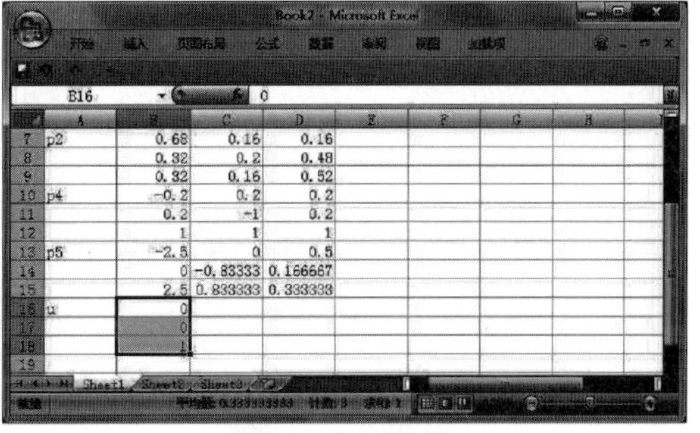

图 7-23　分析步骤 2

接下来计算矩阵 p5 与向量 u 的积，点击"公式"→"插入函数"，选中矩阵"MMULT"函数，如图 7-24 所示。

分别在 Array1、Array2 输入矩阵所在单元格的位置 B13：D15，B16：B18；按"F2"，然后同时按"Ctrl""Shift""Enter"三键。得到马尔可夫稳态时三家修理厂的客户比例 x。

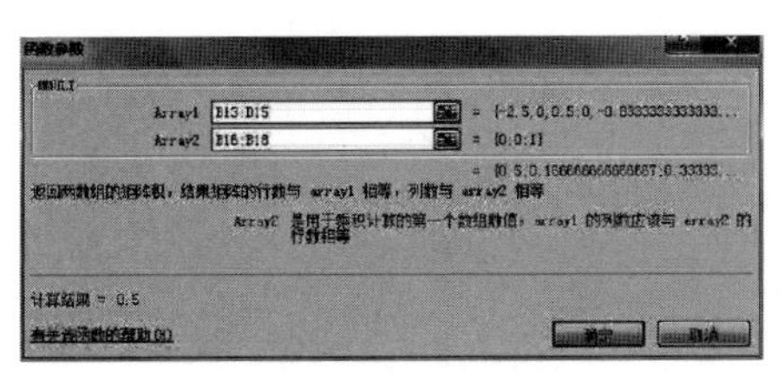

图 7-24　输入数据范围

图 7-25　稳态时三家修理厂的客户比例

从长期来看，当公司的客户在三家修理厂之间的转移达到均衡状态时，大约有 50%的客户在甲厂维修，大约有 16.67%的客户在乙厂维修，大约有 33.33%的客户在丙厂维修，因此从长远利益考虑应选择甲厂进行项目投资。

7.4.3 案例 7-3 实验过程

（1）根据已知条件构建一步转移概率矩阵 P，对其分析可以得知其已经是马尔可夫链的标准型。

$$P=\begin{bmatrix}0 & 0.3 & 0 & 0.6 & 0.1\\ 0 & 0 & 0.5 & 0.3 & 0.2\\ 0 & 0 & 0 & 0.4 & 0.6\\ 0 & 0 & 0 & 1 & 0\\ 0 & 0 & 0 & 0 & 1\end{bmatrix},\ Q=\begin{bmatrix}0 & 0.3 & 0\\ 0 & 0 & 0.5\\ 0 & 0 & 0\end{bmatrix},\ R=\begin{bmatrix}0.6 & 0.1\\ 0.3 & 0.2\\ 0.4 & 0.6\end{bmatrix}$$

（2）根据矩阵 P 计算得到两步转移概率矩阵，如图 7-26 所示。

（3）根据已知条件，初始情况是欠款时间为一年的 400 户，两年的 250 户，三年的 150 户，还款的 0 户，呆账的 0 户。因此，得到两年后应收账款的分布情况，即 $p_0P(2)$，如图 7-27 所示。

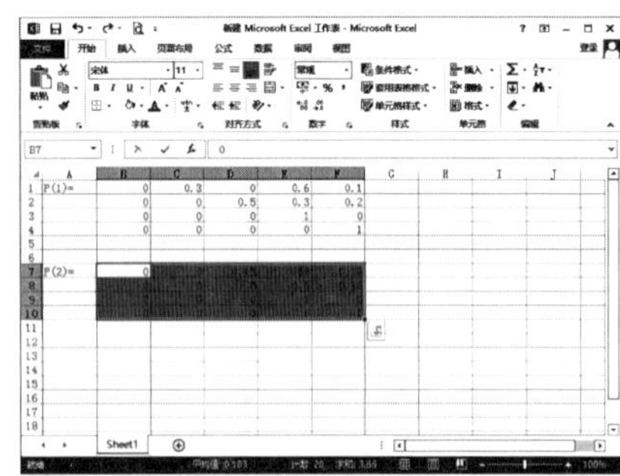

图 7-26 得出两步转移概率矩阵

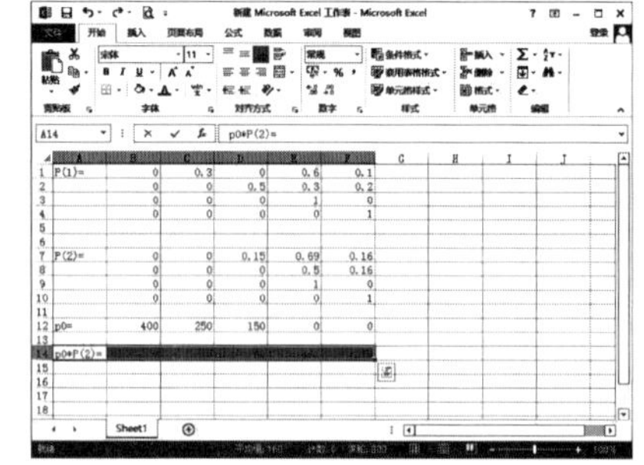

图 7-27 两年后应收账款分布情况

（4）计算马尔可夫链的基本矩阵 M，如果 7-28 所示。

（5）由 B=MR，应用函数 MMULT 计算得到矩阵 B，如图 7-29 所示。

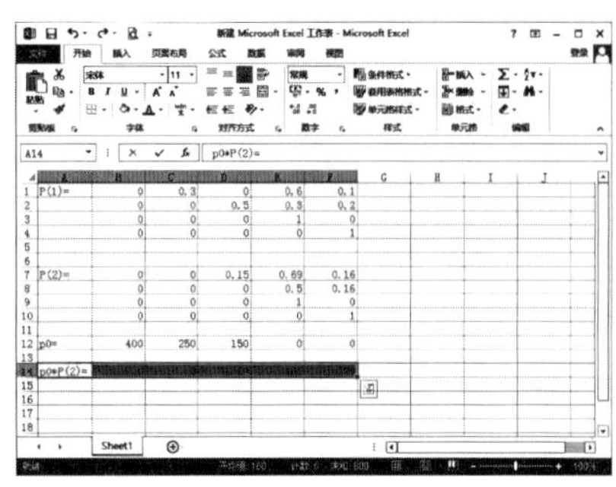

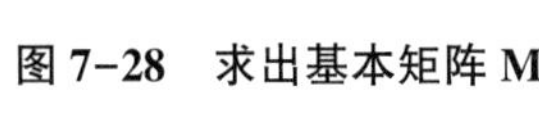

图 7-28 求出基本矩阵 M

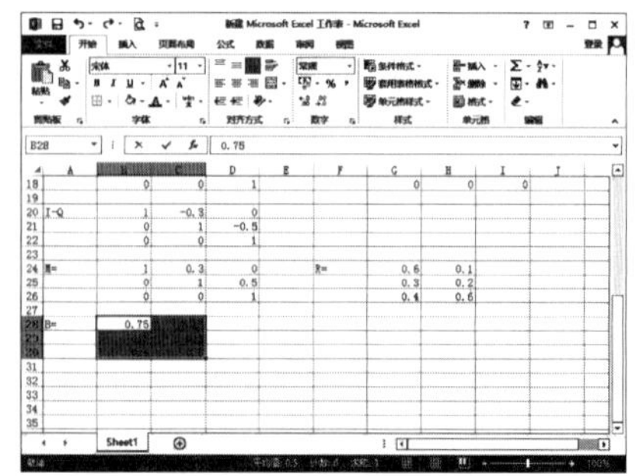

图 7-29 求出矩阵 B

（6）由初始状态，欠款时间为一年的 400 户，两年的 250 户，三年的 150 户，可以计算出最终分布情况如图 7-30 所示。

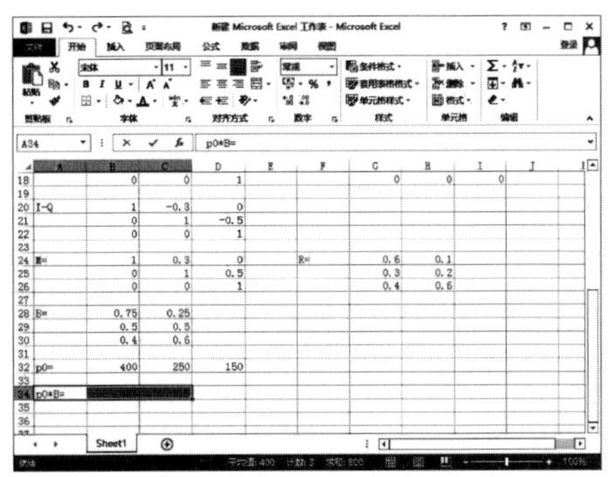

图 7-30　应收账款的最终分布情况

如图 7-30 所示，欠款一年的 400 户应收账款中有 75%的将被状态 4 吸纳，其余的 25%将被状态 5 吸纳。也就是说，平均有 300 户应收账款将结清，其余 100 户将成为呆账，同理欠款两年的 250 户应收账款中，平均有 50%将会结清，其余 50%将会成为呆账。欠款三年的 150 户应收账款中，平均有 60 户将会结清，其余 90 户将会成为呆账。因此，在 800 户应收账款中，最终将有 485 户结清，其余 315 户将会成为呆账。

7.5　实验小结

通过本章的学习能更好地理解马尔可夫链、转移概率矩阵的内涵以及稳态概率向量存在的条件；熟练掌握并运用 Excel 软件计算转移概率矩阵和求解稳态概率向量；能够运用马尔可夫链基本原理并结合实际案例预测经济现象的市场状态、市场占有率和终极市场占有率。

7.6　练习实验

【实验 1】某企业产品两年来月度销售情况如表 7-3 所示，这种产品的销售状态转化为畅销和滞销两种（这里简称“畅”“滞”），根据下面给出的资料利用 Excel 软件估计一步转移概率矩阵，并预测第 25 个月、第 26 个月产品的销售状况。

表 7-3　其企业产品销售情况

月份	1	2	3	4	5	6	7	8	9	10	11	12
销售状态	畅	滞	滞	畅	畅	滞	畅	畅	滞	畅	滞	畅
月份	13	14	15	16	17	18	19	20	21	22	23	24
销售状态	畅	滞	滞	畅	畅	滞	畅	畅	滞	滞	畅	畅

【实验 2】某市市场供应 A、B、C 三个品牌的洗衣机，调查结果表明，上个月市场总共销售出 800 台洗衣机，其中 A 品牌销售出 250 台，B 品牌销售出 250 台，C 品牌销售出

300台，A品牌顾客上个月有72%依然购买A品牌，12%转移到购买B品牌，16%转移到购买C品牌；B品牌顾客上个月有80%依然购买B品牌，8%转移到购买A品牌，12%转移到购买C品牌；C品牌顾客有85%依然购买C品牌，10%转移到购买A品牌，5%转移到购买B品牌。试预测该市本月和下个月洗衣机各品牌的市场占有率和稳态时的市场占有率。

【实验3】某农村农业收成变化分为丰收、平收和欠收三种状态，表7-4为该地区1973~2012年农业收成变化统计情况，

表7-4　1973~2012年农业收成变化统计情况

年份	1973	1974	1975	1976	1977	1978	1979	1980	1981	1982
状态	丰收	丰收	平收	欠收	平收	丰收	欠收	平收	丰收	平收
年份	1983	1984	1985	1986	1987	1988	1989	1990	1991	1992
状态	欠收	丰收	平收	欠收	丰收	平收	丰收	欠收	欠收	丰收
年份	1993	1994	1995	1996	1997	1998	1999	2000	2001	2002
状态	欠收	欠收	平收	丰收	丰收	欠收	平收	平收	丰收	平收
年份	2003	2004	2005	2006	2007	2008	2009	2010	2011	2012
状态	丰收	欠收	平收	丰收	丰收	平收	平收	欠收	丰收	平收

试分析计算：

（1）农业收成变化的一步、两步状态转移概率矩阵。

（2）预测2013~2017年该地区农业收成状态。

（3）判断是否存在稳定状态概率？如果存在求出终极状态的概率。

第 8 章　灰色预测

8.1　实验目的

（1）理解灰色系统的特点以及灰色预测的基本原理。
（2）能够应用软件建立 GM（1，1）模型及 GM（1，1）残差模型并进行模型检验。
（3）能够结合灰色预测的基本原理并应用软件进行案例分析。

8.2　实验原理

8.2.1　灰色预测模型简介

灰色系统理论是由邓聚龙教授于 1982 年提出，此后逐渐引起国内外学者的关注并得到了长足发展。目前，灰色预测模型已经成为在社会、经济、科学技术等领域进行预测、决策、评估、规划控制及系统分析等的重要方法之一。灰色预测对时间序列短、统计数据少、信息不完全系统的分析与建模具有独特作用。

灰色预测模型是灰色系统理论的重要组成部分。它是研究少数据、贫信息的不确定性问题的新方法，其研究对象是“部分信息已知、部分信息未知”的不确定性系统，也称为灰色系统，该系统内各因素间具有不确定性关系。灰色预测模型由最初的数列预测扩展到区间预测、灾变预测、季节灾变预测、波形预测和系统预测等多种类型。

灰色预测通过对原始数据处理和灰色模型的建立，发现、掌握系统发展规律，对系统的未来状态做出科学的定量预测。尽管灰色过程中所显示的现象是随机的，但毕竟是有序的，数据集合具备潜在的规律。灰色预测通过鉴别系统因素之间发展趋势的相异程度，即进行关联分析，并对数据进行生成处理来寻找系统变动的规律，生成有较强规律性的数据序列，然后建立相应的微分方程模型，进而预测事物未来的发展趋势。

8.2.2　灰色预测的基本原理——GM 模型

8.2.2.1　数据的累加生成和累减生成

灰色系统常用的数据生成方式有累加生成和累减生成。

累加是将原始序列通过累加得到生成列。累加的规则是将原始序列的第一个数据作为生成列的第一个数据，将原始序列的第二个数据加到原始序列数据的第一个数据上，其和作为生成列的第二个数据，将原始序列的第三个数据加到生成列的第二个数据上，其和作为生成列的第三个数据，按此规则便可得到生成列。

记原始时间序列为：

$$X^{(0)}=\{X^{(0)}(1),\ X^{(0)}(2),\ \cdots,\ X^{(0)}(n)\}$$

上标 0 表示原始时间序列，记生成列为：

$$X^{(1)}=\{X^{(1)}(1),\ X^{(1)}(2),\ \cdots,\ X^{(1)}(n)\}$$

有：

$$X^{(1)}(k)=\sum_{i=1}^{k}X^{(0)}(i)=X^{(1)}(k-1)+X^{(0)}(k)$$

上标 1 表示一次累加，同理，可做 m 次累加，有：

$$X^{(m)}(k)=\sum_{i=1}^{k}X^{(m-1)}(i)$$

累加生成能使任意非负数列（摆动的与非摆动的）转化为递增的数列。累加生成列大多服从指数规律，容易建模，精确度较高。

将原始序列前、后两个数据相减，所得数据序列为累减生成序列。累减是累加的逆运算，可将累加生成列还原为非生成列，在建模中获得增量信息。一次累减的公式为：

$$X^{(1)}(k)=\sum_{i=1}^{k}X^{(0)}(i)=X^{(0)}(k)+X^{(0)}(k-1) \tag{8-1}$$

8.2.2.2 GM（1，1）模型

8.2.2.2.1 GM 的建模机理

GM 模型即指灰色模型（Grey Model）。一般建立模型使用数据列建立差分方程，而灰色建模是用历史数据列生成后建立微分方程模型。由于系统被噪声污染后，使得历史数列呈现出离乱的情况，离乱的数列即为灰色数列，对灰色过程建立的模型称为灰色模型。

灰色理论的主要依据：

（1）灰色理论将随机量当成是在一定范围内变化的灰色量，将随机过程当成是在一定范围、一定时区内变化的灰色过程。

（2）灰色系统将无规律的历史数据列累加生成后，使其变为具有指数增长规律的上升形状数列，可对生成后数列建立微分方程模型。

（3）灰色理论通过灰数的不同生成方式、数据的不同取舍、不同级别的残差 GM 模型来调整、修正模型进而提高预测精度。

（4）对高阶系统建模，灰色理论是通过 GM（1，n）模型群解决的。GM 模型群也即一阶微分方程组的灰色模型。

（5）GM 模型所得数据经过累减生成还原之后才能够应用。

8.2.2.2.2 GM（1，1）模型的建立

GM（1，1）模型是最常用的一种灰色模型，它是由一个只包含单变量的一阶微分方程构成的模型，是 GM（1，n）的特例。

设时间序列共有 n 个观察值 $X^{(0)}=\{X^{(0)}(1),\ X^{(0)}(2),\ \cdots,\ X^{(0)}(n)\}$，通过累加生成

新的序列 $X^{(1)} = \{X^{(1)}(1), X^{(1)}(2), \cdots, X^{(1)}(n)\}$，其中，$X^{(1)}(k) = \sum_{i=1}^{k} X^{(0)}(i)$，$k = 2, 3, \cdots, n$ 则称式（8-2）为 GM（1，1）模型的原始形式。

$$X^{(0)}(k) + aX^{(1)}(k) = u \tag{8-2}$$

又设 $Z^{(1)} = (z^{(1)}(2), z^{(1)}(3), \cdots, z^{(1)}(n))$，$z^{(1)}$ 为 $x^{(1)}$ 的紧邻均值生成序列，其中，$z^{(1)}(k) = \frac{1}{2}(x^{(1)}(k) + x^{(1)}(k-1))$，$k = 2, 3, \cdots, n$，则称式（8-3）为 GM（1，1）模型的基本形式。

$$x^{(0)}(k) + az^{(1)}(k) = u \tag{8-3}$$

若 $\hat{\beta} = \begin{pmatrix} a \\ u \end{pmatrix}$ 为参数序列，且有：

$$Y_n = \begin{pmatrix} X^{(0)}(2) \\ X^{(0)}(3) \\ \vdots \\ X^{(0)}(n) \end{pmatrix}, B = \begin{pmatrix} -\frac{1}{2}(X^{(1)}(1) + X^{(1)}(2)) & 1 \\ -\frac{1}{2}(X^{(1)}(2) + X^{(1)}(3)) & 1 \\ \vdots & \\ -\frac{1}{2}(X^{(1)}(n-1) + X^{(1)}(n)) & 1 \end{pmatrix}$$

则 GM（1，1）模型：

$$x^{(0)}(k) + az^{(1)}(k) = u$$

的最小二乘估计满足：

$$\hat{\beta} = \begin{pmatrix} a \\ u \end{pmatrix} = (B^T B)^{-1} B^T Y_n$$

由于序列 $X^{(1)}$（k）具有指数增长规律，而一阶微分方程的解恰好是指数增长形式的解，可认为 $X^{(1)}$（k）序列满足下述线性微分方程模型：

$$\frac{dX^{(1)}}{dt} + aX^{(1)} = u$$

则式（8-4）为 GM（1，1）模型 $x^{(0)}$（k）$+a\,z^{(1)}$（k）$=u$ 的影子方程。

$$\frac{dX^{(1)}}{dt} + aX^{(1)} = u \tag{8-4}$$

式（8-4）中，a 称为发展灰数，u 称为内生控制灰数。

由 $Y=B\hat{\beta}$，得 $\hat{\beta}=\begin{pmatrix} a \\ u \end{pmatrix}=(B^T B)^{-1} B^T Y_n$。

将求得的 a、u 值带回原微分方程解得：

$$x^{(1)}(t) = (X^{(1)} - \frac{u}{a})e^{-ak} + \frac{u}{a} \tag{8-5}$$

将式（8-5）写成离散形式，令 $X^{(1)}(1) = X^{(0)}(1)$，得：

$$X^{(1)}(k+1) = (X^{(0)}(1) - \frac{u}{a})e^{-ak} + \frac{u}{a},\ k = 0, 1, 2, \cdots \tag{8-6}$$

称式（8-6）为 GM（1，1）模型的时间响应函数模型，即预测模型。其还原值为：

$$X^{(0)}(k+1) = X^{(1)}(k+1) - X^{(1)}(k) = (e^{-a}-1)(X^{(0)}(1) - \frac{u}{a})e^{-ak},\ k = 0,\ 1,\ 2,\ \cdots \tag{8-7}$$

8.2.2.3 残差 GM（1，1）模型的建立

如果原始时间序列 $X_i^{(0)}$ 建立的 GM（1，1）模型检验不合格或不理想时，要对建立的 GM（1，1）模型进行残差修正进而提高模型的预测精度。

设 $X^{(0)}$，$X^{(1)}$，$GM(1,1)$ 模型的时间响应式：

$$\hat{X}^{(1)}(k+1) = (X^{(0)}(1) - \frac{b}{a})e^{ak} + \frac{b}{a}$$

则称式（8-8）为导数还原值。

$$d\hat{X}^{(1)}(k+1) = (-a) = (X^{(0)}(1) - \frac{b}{a})e^{-ak} \tag{8-8}$$

$$\hat{X}^{(0)}(k+1) = \hat{X}^{(1)}(k+1) - \hat{X}^{(1)}(k) \tag{8-9}$$

式（8-9）为累减还原值。

经证明：$d\hat{X}^{(1)}(k+1) \neq \hat{X}^{(0)}(k+1)$。

可以看出，GM（1，1）模型既不是微分方程，也不是差分方程。但当 $|a|$ 充分小时，$1-e^{a} \approx -a$，有 $d\hat{X}^{(1)}(k+1) \approx \hat{X}^{(0)}(k+1)$。这说明微分与差分的结果十分接近。因此 GM（1，1）模型既可以看成微分方程，又可以看成差分方程。

鉴于导数还原值与累减还原值不一致，为减少往复运算造成的误差，往往用 $X^{(1)}$ 的残差修正 $X^{(1)}$ 的模拟值 $\hat{X}^{(1)}(k+1)$。

若用 $\hat{\varepsilon}^{(0)}$ 修正 $\hat{X}^{(1)}$ 则称修正后的时间响应式（8-10）为残差 GM（1，1）。

$$\hat{X}^{(1)}(k+1) = \begin{cases} (X^{(0)}(1) - \frac{b}{a})e^{(-ak)} + \frac{b}{a}, k < k_0 \\ (X^{(0)}(1) - \frac{b}{a})e^{-ak} + \frac{b}{a} \pm a_\varepsilon(\varepsilon^{(0)}(k_0) - \frac{b_\varepsilon}{a_\varepsilon})e^{-ak_\varepsilon(k-k_0)}, k \geqslant k_0 \end{cases} \tag{8-10}$$

其中残差修正值为：

$$\hat{\varepsilon}^{(0)}(k+1) = a_\varepsilon \times (\varepsilon^{(0)}(k_0) - \frac{b_\varepsilon}{a_\varepsilon})exp[-a_\varepsilon(k-k_0)]$$

若 $\hat{X}^{(0)}(k) = \hat{X}^{(1)}(k) - \hat{X}^{(1)}(k-1) = (1-e^{a})X^{(0)}(1) - \frac{b}{a})e^{-a(k+1)}$，则相应的残差修正时间响应式（8-11）称为累减还原式的残差修正模型。

$$\hat{X}^{(0)}(k+1) = \begin{cases} (1-e^{a})(X^{(0)}(1) - \frac{b}{a})e^{-ak}, k < k_0 \\ (1-e^{a})(X^{(0)}(1) - \frac{b}{a})e^{-ak} \pm a_\varepsilon(\varepsilon^{(0)}(k_0) - \frac{b_\varepsilon}{a_\varepsilon})e^{-a_\varepsilon(k-k_0)}, k \geqslant k_0 \end{cases} \tag{8-11}$$

8.2.2.4　模型检验

灰色预测检验通常包括残差检验、关联度检验和后验差检验。

8.2.2.4.1　残差检验

由预测模型计算预测值 $\hat{X}^{(1)}(i)$，进一步将 $\hat{X}^{(1)}(i)$ 累减生成预测值 $\hat{X}^{(0)}(i)$，然后计算原始序列 $X^{(0)}(i)$ 与 $\hat{X}^{(0)}(i)$ 的绝对误差序列及相对误差序列。即：

$$\Delta^{(0)}(i) = |X^{(0)}(i) - \hat{X}^{(0)}(i)|, i = 1, 2, \cdots, n$$

$$\Phi^{(0)}(i) = \frac{\Delta^{(0)}(i)}{X^{(0)}(i)} \times 100\%, i = 1, 2, \cdots, n$$

8.2.2.4.2　关联度检验

在现实中，许多因素之间的关系是灰的，因素之间的密切程度分不清楚。关联度分析是分析系统中计算各因素关联程度的方法，为计算关联度，需要先计算关联系数。

设 $\hat{X}^{(0)}(k) = \{X^{(0)}(1), X^{(0)}(2), \cdots, X^{(0)}(n)\}$

$X^{(0)}(k) = \{X^{(0)}(1), X^{(0)}(2), \cdots, X^{(0)}(n)\}$

关联系数定义为：

$$\eta(k) = \frac{\min\min|\hat{X}^{(0)}(k) - X^{(0)}(k)| + \rho\max\max|\hat{X}^{(0)}(k) - X^{(0)}(k)|}{|\hat{X}^{(0)}(k) - X^{(0)}(k)| + \rho\max\max|\hat{X}^{(0)}(k) - X^{(0)}(k)|} \tag{8-12}$$

其中 $|\hat{X}^{(0)}(k) - X^{(0)}(k)|$ 是第 k 个点 $X^{(0)}$ 与 $\hat{X}^{(0)}$ 的绝对误差。

关联度定义为关联系数的平均：

$$r = \frac{1}{n}\sum_{k=1}^{n}\eta(k) \tag{8-13}$$

根据经验，当 $\rho = 0.5$ 时，关联度大于 0.6 时，可以认为模型预测结果是令人满意的。

8.2.2.4.3　后验差检验

计算原始序列的标准差：

$$S_1 = \sqrt{\frac{\sum (X^{(0)}(i) - \overline{X}^{(0)}(i))^2}{n-1}} \tag{8-14}$$

计算绝对误差序列的标准差：

$$S_2 = \sqrt{\frac{\sum (\Delta^{(0)}(i) - \overline{\Delta}^{(0)})^2}{n-1}} \tag{8-15}$$

计算方差比：

$$C = \frac{S_2}{S_1} \tag{8-16}$$

计算小误差概率：

令 $e_i = |\Delta^{(0)}(i) - \overline{\Delta}^{(0)}|$，$S_0 = 0.6745S_1$，则有：

$$P = p\{|\Delta^{(0)}(i) - \overline{\Delta}^{(0)}| < 0.6745S_1\} = p\{e_i < S_0\}$$

若所建模型都能通过残差检验、关联度检验、后验差检验，则模型可用于预测；否则进行残差修正。P、C 的合理值范围如表 8-1 所示。

表 8-1 P、C 的合理值

P	C	评价结果
>0.95	<0.35	好
>0.80	<0.5	合格
>0.70	<0.65	勉强合格
≤0.70	≥0.70	不合格

8.2.2.5 GM（1，1）与残差 GM（1，1）模型的预测精度比较

设原始经济时间序列为 $x_i^{(0)}$（i=1，2，…，13），则有：

$X^{(0)}=X^{(0)}$（1），$X^{(0)}$（2），$X^{(0)}$（3），$X^{(0)}$（4），$X^{(0)}$（5），$X^{(0)}$（6），$X^{(0)}$（7），$X^{(0)}$（8），$X^{(0)}$（9），$X^{(0)}$（10），$X^{(0)}$（11），$X^{(0)}$（12），$X^{(0)}$（13）

=（6，20，40，25，40，45，35，21，14，18，15.5，17，15）

对原序列 $x_i^{(0)}$ 进行累加生成后，建立 GM（1，1）模型，得时间响应式为：

$$\hat{X}^{(1)}(k+1) = -567.999e^{-0.06486k} + 573.999$$

累减还原得相应时间的模拟值：

$$\hat{X}^{(0)} = \{\hat{X}^{(0)}(k)\}_2^{13}$$
$$= (35.6704, 33.4303, 31.3308, 29.3682, 27.5192, 25.7901, 24.1719, 22.6534, 21.2307, 19.8974, 18.6478, 17.4768)$$

预测精度检验如表 8-2 所示。

表 8-2 GM（1，1）模型预测精度

序号	原始数据 $X^{(0)}(k)$	模拟数据 $\hat{X}^{(0)}(k)$	残差 $\varepsilon(k)=X^{(0)}(k)-\hat{X}^{(0)}(k)$	相对误差（%）$\Delta_k=\frac{\lvert\varepsilon(k)\rvert}{X^{(0)}(k)}$
1	20.0	35.6704	−15.6704	78.3540
2	40.0	33.4303	6.56970	16.4242
3	25.0	31.3308	−6.3308	25.3232
4	40.0	29.3682	10.6318	26.5795
5	45.0	27.5192	17.4808	38.8642
6	35.0	25.7901	9.2099	26.3140
7	21.0	24.1719	−3.1719	15.1043
8	14.0	22.6534	−8.6534	61.8100
9	18.0	21.2307	−3.2307	17.9483
10	15.5	19.8974	−4.3974	28.3703
11	17.0	18.6478	−1.6478	9.6926
12	15.0	17.4768	−2.4768	16.5120

计算平均相对误差：

$$\Delta = \frac{1}{12}\sum_{k=2}^{13}\Delta_k = 30.11(\%)$$

由表 8-2 可以看出，模拟误差较大，残差平方和较大，相对精度不到 70%，用残差模型进行修正。在此取 k=9，10，11，12，13 的残差项，即：

$$\begin{aligned}\varepsilon^{(0)} &= (\varepsilon^{(0)}(9),\ \varepsilon^{(0)}(10),\ \varepsilon^{(0)}(11),\ \varepsilon^{(0)}(12),\ \varepsilon^{(0)}(13))\\ &= (-8.6534,\ -3.2307,\ -4.3974,\ -1.6478,\ -2.4768)\end{aligned}$$

取绝对值，得：

$$\varepsilon^{(0)} = (8.6534,\ 3.2307,\ 4.3974,\ 1.6478,\ 2.4768)$$

建立 GM（1，1）模型，得 $\varepsilon^{(1)}$ 的时间响应式：

$$\hat{\varepsilon}^{(1)}(k+1) = -24e^{-0.16855(k-9)} + 32.7$$

其导数还原值为：

$$\begin{aligned}\hat{\varepsilon}^{(1)}(k+1) &= (-0.16855)(-24)e^{-0.16855(k-9)}\\ &= 4.0452e^{-0.16855(k-9)}\end{aligned}$$

由

$$\hat{X}^{(0)}(k+1) = \hat{X}^{(1)}(k+1) - \hat{X}^{(1)}(k) = (1-e^{a})(x^{(0)}(1) - \frac{b}{a})e^{-ak} = 38.0614e^{-0.06486k}$$

这样可以得到残差修正后的模型（累减还原式）：

$$\hat{X}^{(0)}(k+1) = \begin{cases}38.0614e^{-0.06486k}, & k < 9\\ 38.0614e^{-0.06486k} - 4.0452e^{-0.16855(k-9)}, & k \geqslant 9\end{cases}$$

其中，$\hat{\varepsilon}^{(0)}(k+1)$ 的符号与原始残差序列的符号一致。

按此模型，可对 k=10，11，12，13 四个模拟值进行修正，修正后的精度如表 8-3 所示。

表 8-3　残差 GM（1，1）模型预测精度

序号	原始数据 $X^{(0)}(k)$	模拟数据 $\hat{X}^{(0)}(k)$	残差 $\varepsilon(k) = X^{(0)}(k) - \hat{X}^{(0)}(k)$	相对误差（%）$\Delta_k = \frac{\lvert\varepsilon(k)\rvert}{X^{(0)}(k)}$
10	18.0	17.1858	0.8142	4.52
11	15.5	16.4799	-0.9799	6.32
12	17.0	15.7604	1.2396	7.29
13	15.0	15.0372	-0.0372	0.25

平均相对误差为：$\Delta = \frac{1}{4}\sum_{k=10}^{13}\Delta_k = 4.595(\%)$

由表 8-3 可以看出，残差修正 GM（1，1）模型的模拟精度得到了明显提高。如果残差序列不能够满足建模要求，对修正精度仍不满意，可以考虑采用其他模型或对原始数据进行适当取舍。

8.3 实验数据

如表 8-4 所示的时间序列，试建立 GM（1，1）的模型，并预测第 8 期的预测值。

表 8-4 时间序列

时间	1	2	3	4	5	6
$X^{(0)}(i)$	26.7	31.5	32.8	34.1	35.8	37.5

8.4 实验过程

R 是一个自由、免费、源代码开发的软件，是用于统计计算和统计制图的优秀工具，是现在流行实用的统计软件。R 软件版本采用 R2.13.0。

GM(1,1)模型的 R 程序：

```
gm<-function(x_0,t)
{ #gm(x_0,t),其中 x_0 是向量，表示原始数据,t 表示预测时间
#给出模型参数估计结果
x_1<-cumsum(x_0)#将原始数列累加生成数列 x_1
b<-numeric(length(x_0)-1)#生成比 x_0 长度少 1 的 0 向量
n<-length(x_0)-1
for(i in 1:n){
b[i]<--(x_1[i]+x_1[i+1])/2
}
d<-numeric(length(b))
d[]<-1
B<-cbind(b,d)#以列方式将向量 a 和 d 合并成矩阵 B
BT<-t(B)#矩阵 B 的转置
BTB<-BT% * % B
M<-solve(BTB)#BTB 的逆矩阵
y_n<-numeric(length(x_0)-1)#向量 y_n 初始化
y_n<-x_0[2:length(x_0)]#将原始向量 x_0 除第一个外的其余元素赋予 y_n
alpha<-M% * % BT% * % y_n
a<-alpha[1]
u<-alpha[2]
cat (" 模型参数:",'\n',"a=",a,"u=",u,'\n','\n')
```

```
#给出模型预测值
y<-numeric(length(c(1:t)))#向量 y 初始化
y[1]<-x_0[1]
for(k in 1:t-1){
y[k+1]<-(x_0[1]-u/a)* exp(-a* k)+u/a
}
cat("y 预测值:",'\n',y,'\n','\n')

#给出数据还原值
xy<-numeric(length(y))#向量 xy 初始化
xy[1]<-y[1]
for (i in 2:t){
xy[i]<-y[i]-y[i-1]
}
cat("数据还原值:",'\n',xy,'\n','\n')

#计算残差向量
m<-length(x_0)
e<-numeric(length(x_0))
for(h in 1:m)
{
e[h]<-xy[h]-x_0[h] #计算残差向量 e
}
cat("残差:",'\n',e,'\n','\n')

#计算关联度
yita<-numeric(length(e))
for(h in 1:m)
{
yita[h]<-(min(abs(e))+0.5* max(abs(e)))/(abs(e[h])+0.5* max(abs(e)))
}
r<-mean(yita)
cat("关联度:",'\n',r,'\n','\n')

#计算相对误差
q<-numeric(length(x_0))
for(h in 1:m){
q[h]<-abs((e[h]/x_0[h]))* 100
```

```
}
cat("相对误差:",'\n',q,'\n','\n')

#计算后验差比值
se<-sd(abs(e))#残差向量标准差
sx<-sd(x_0)#计算原数列标准差
cv<-se/sx#计算后验差比值
cat("后验差比值:",'\n',cv,'\n','\n')

#计算小误差概率
pe<-abs(abs(e)-mean(abs(e)))
i<-length(pe)
accumulator=0
for(h in 1:i){
if (pe[h]<0.6745* sx)
accumulator=accumulator+1
}
pv=accumulator/i #小误差概率 P
cat("小误差概率:",'\n',pv,'\n','\n')
}
#脚本程序的调用
x_0<-c(26.7,31.5,32.8,34.1,35.8,37.5)
gm(x_0,8)
```

图 8-1　灰色模型 GM（1，1）预测结果

由图 8-1 可以看出，相对误差小于 0.5%，说明模型的精确度较高。关联度为 0.7 大于 0.6，满足模型的检验准则。后验差比值为 0.018 小于 0.35，小误差概率 P 为 1，通过模型检验。可用此模型进行预测，第 8 期的预测值为 40.83026。

8.5　实验小结

通过本实验，我们理解了灰色预测的基本原理及特点，掌握建立 GM（1，1）模型的基本步骤并编写了 R 脚本程序，利用案例数据进行实验分析预测。

8.6　练习实验

【实验 1】粮食产量受到许多复杂因素的影响，其变化同样具有很大的随机性和模糊性，可看成一个灰色过程。利用某市 1993~2011 年粮食产量数据（见表 8-3）建立灰色模型 GM（1，1），并对 2013 年粮食产量进行预测。

表 8-5　某市 1993~2011 年粮食产量　　单位：万吨

年份	产量	年份	产量	年份	产量	年份	产量
1993	264.6	1998	259.8	2003	144.2	2008	94.9
1994	279.7	1999	237.4	2004	104.9	2009	109.2
1995	281.9	2000	237.5	2005	82.3	2010	102.1
1996	284.0	2001	239.2	2006	58.0	2011	125.2
1997	276.2	2002	201.0	2007	70.2	—	—

【实验 2】对某电网 2013 年度售电量进行 GM（1，1）模型灰色预测，其原始样本如表 8-6 所示。要进行模型精度的后验差检验与预测结果的相对误差检验，应用得到的灰色预测模型，对 1995~2011 年各年度的售电量计算模拟值，并与实际售电量进行比较。

表 8-6　某电网各年度售电量原始样本　　单位：亿度

年份	1995	1996	1997	1998	1999	2000	2010	2011
序号	1	2	3	4	5	6	7	8
实际售电量	20.47	21.39	22.04	23.36	24.06	26.51	27.98	30.40

【实验 3】某公司 1999~2003 逐年的销售额如表 8-7 所示。试建立灰色预测模型，预测 2004 年销售额，并进行精度检验。

表 8-7　销售额

年份	1999	2000	2001	2002	2003
序号	1	2	3	4	5
销售额	2.874	3.278	3.337	3.390	3.679

【实验 4】某市 2004 年的交通事故次数如表 8-8 所示，试建立灰色预测模型。

表 8-8　交通事故频数　　单位：起

月份	1	2	3	4	5	6
事故频数	83	95	130	141	156	185

【实验 5】某市 2001~2005 年的火灾数据如表 8-9 所示，试建立灰色预测模型，并对该市 2006 年的火灾频数做出预测。

表 8-9　火灾频数　　单位：起

年份	2001	2002	2003	2004	2005
火灾	87	97	120	166	161

第2部分

决策

第 9 章　不确定型决策方法

9.1　实验目的

不确定型决策包括乐观准则、悲观准则 α 系数决策准则、最小最大后悔值决策准则的基本原理及 R 软件实现。

9.2　实验原理

当决策者只能掌握可能出现的各种状态，但不知道各种状态发生的概率，这类决策称为不确定型决策。不确定型决策方法一般有：乐观准则（好中求好）、悲观准则（坏中求好）、α 系数决策准则（赫威斯决策准则）最小最大后悔值决策准则。

9.2.1　乐观准则

乐观准则也被称为好中求好的决策准则，或称最大最大决策准则。这种决策准则是充分考虑可能出现的最大利益，在各最大利益中选取最大者，将其对应的方案作为最优方案。

乐观准则决策方法的一般步骤：

（1）确定各种可行方案。

（2）确定决策问题将面临的各种自然状态。

（3）将各种方案在各种自然状态下的损益值列于决策矩阵表中（见表 9-1）。

（4）求每一方案在各自然状态下的最大损益值：$\max(R_{i1},\ R_{i2},\ \cdots,\ R_{ij},\ \cdots,\ R_{in})$。

（5）取 $\underset{\theta_j}{\max}(R_{ij})$ 中的最大值所对应的方案 A_i 为最优决策方案。

表 9-1　损益矩阵

可行方案 A_i（i=1，2，…，m）	自然状态 $\theta_j(j=1,\ 2,\ \cdots,\ n)$				$\underset{\theta_j}{\max}(R_{ij})$
	θ_1	θ_2	…	θ_n	—
A_1	R_{11}	R_{12}	…	R_{1n}	$\underset{\theta_j}{\max}(R_{1j})$

续表

可行方案 A_i（i=1，2，…，m）	自然状态 $\theta_j(j=1, 2, \cdots, n)$				$\max_{\theta_j}(R_{ij})$
	θ_1	θ_2	…	θ_n	—
A_2	R_{21}	R_{22}	…	R_{2n}	$\max_{\theta_j}(R_{2j})$
⋮	⋮	⋮	⋮	⋮	⋮
A_m	R_{m1}	R_{m2}	…	R_{mn}	$\max_{\theta_j}(R_{mj})$
$\max_i \max_j (R_{ij})$					

如果表 9-1 不是损益矩阵，而是损失矩阵，则应采取最小最小准则，即取 $\min_j(R_{ij})$ 中的最小值所对应的方案 A_i 为最优决策方案。

9.2.2 悲观准则

悲观准则即坏中求好准则，也被称为小中取大准则，决策者从每个方案的最坏结果中选择一个最佳值，即在所有最不利的收益中，选取一个收益最大的方案作为决策方案。

对于某一不确定型决策，备选方案为 A_i，共有 n 种自然状态，收益值为 R_{ij}，记 $f(A_i)$ 为采用方案 A_i 时的最小收益，即：

$$f(A_i)=\min(R_{i1}, R_{i2}, \cdots, R_{in})$$

则满足式（9-1）的方案 A^* 为悲观准则下的最优决策。

$$f(A^*)=\max(f(A_1), f(A_2), \cdots, f(A_m)) \tag{9-1}$$

若决策矩阵为损失矩阵，则应采取最大最小的方法，这时 $f(A_i)$ 表示采取方案的最大损失值，即：

$$f(A_i)=\max(R_{i1}, R_{i2}, \cdots, R_{in})$$

则满足式（9-22）的方案就是最大最小决策的最优方案。

$$f(A^*)=\max(f(A_1, A_2, \cdots, A_m) \tag{9-2}$$

9.2.3 α 系数决策准则

α 系数决策准则是对"坏中求好"和"好中求好"决策准则进行折中的一种决策准则，也称赫威斯决策准则。α 是决策者对客观状态持悲观还是乐观的一个决策系数，α = 1 表示情况完全乐观，α = 0 表示情况完全悲观，0 < α < 1 表示情况一般。

设有不确定性决策问题，可选行动方案为 A_i，共有 n 种自然状态，各自然状态发生的概率未知。收益值为 R_{ij}，$i=1, 2, \cdots, m$；$j=1, 2, \cdots, n$，令：

$$f(A_i)=\alpha\max(R_{i1}, R_{i2}, \cdots, R_{in})+(1-\alpha)\min(R_{i1}, R_{i2}, \cdots, R_{in}) \tag{9-3}$$

则满足式（9-4）的方案 A^* 为 α 系数最优决策方案。

$$f(A^*)=\max(f(A_1), f(A_2), \cdots, f(A_m)) \tag{9-4}$$

如果讨论的决策问题是损失矩阵，则：

$$f(A_i) = \alpha\min(R_{i1},\ R_{i2},\ \cdots,\ R_{in}) + (1-\alpha)\max(R_{i1},\ R_{i2},\ \cdots,\ R_{in}) \qquad (9\text{-}5)$$

$$f(A^*) = \min(f(A_1),\ f(A_2),\ \cdots,\ f(A_m)) \qquad (9-6)$$

$f(A^*)$ 是相较于乐观准则和悲观准则更为接近实际情况的方案的损益值，可称为现实估计值。

9.2.4　最小最大后悔值决策准值

当决策者选定决策方案时，如果所选方案并非最优方案，就会因为“舍优取劣”而感到后悔。事实上，这种后悔是一种机会损失。所选方案的收益值与最优方案的收益值之差越大，则决策者就越后悔。所选方案的收益值与该状态下最优方案的收益值之差的绝对值称为后悔值。在进行决策时，先计算出在各自然状态下各方案的后悔值，然后从各方案的最大后悔值中选取后悔值最小的作为最优方案，这就是最小最大后悔值决策方案。其决策步骤如下：

（1）对于某决策方案，确定各种自然状态下的理想目标值，即最高收益值 $m_i = \max(R_{i1},\ R_{i2},\ \cdots,\ R_{in})$。

（2）计算后悔值。将该状态下的其他收益值与之比较，计算其差值作为达到理想目标的后悔值 $h_{ij} = R_{ij} - m_i$。

（3）确定每种方案的最大后悔值 $h_i = \max(h_{ij})$。

（4）确定最小最大后悔值。在各种方案的最大后悔值中选择最小值 $\min(h_i)$。

9.3　实验数据

实验案例：某公司准备生产一种新型童车，根据市场需求分析和估计，产品销路可分为三种状态：销路好 θ_1，销路一般 θ_2，销路差 θ_3。可供选择的行动方案也有三种：大批量生产 A_1，中批量生产 A_2，小批量生产 A_3。根据产量多少和销量情况，可能获利也可能亏损，将此数值称为损益值。获利时称为收益值；亏损时称为损失值，用负号表示，损益矩阵如表9-2所示。

表 9-2　不同生产规模损益矩阵

可行方案	销路好 θ_1	一般 θ_2	销路差 θ_3
大批量生产 A_1	30	23	-15
中批量生产 A_2	25	20	0
小批量生产 A_3	12	12	12

9.4　实验过程

不同决策的 R 脚本程序。

```
#悲观决策准则
d1<-function (a) {
mina<-matrix (0, nrow=nrow (a), ncol=1)
for (i in 1: nrow (a)) {
mina [i,] <-min (a [i,])
} #求各行最小值，存入矩阵 mina
cat (" 悲观决策准则:")
rownames (a) [which. max (mina) ]
}
#乐观决策准则
d2<-function (a) {
maxa<-matrix (0, nrow=nrow (a), ncol=1)
for (i in 1: nrow (a)) {
maxa [i,] <-max (a [i,])
} #求各行最大值，存入矩阵 maxa
cat (" 乐观决策准则:")
rownames (a) [which. max (maxa) ]
}

#赫威斯准则
d3<-function (a) {
alpha<-0.7 #乐观系数
hws<-matrix (0, nrow=nrow (a), ncol=1)
for (i in 1: nrow (a)) {
hws [i,] <-alpha* max (a [i,]) + (1-alpha) * min (a [i,])
} #对各行最小值和最大值求加权和，存入矩阵 hws
cat (" 赫威斯准则:")
rownames (a) [which. max (hws) ]
}

#最小最大后悔值决策准则:
d4<-function (a) {
regret<-matrix (0, nrow=nrow (a), ncol=ncol (a))
for (i in 1: nrow (a)) {
  for (j in 1: ncol (a)) {
regret [i, j] <-a [i, j] -max (a [, j])
} #将各数值减去各列最大值存入矩阵 regret
}
```

```
max.regret<-matrix(0, nrow=nrow(a), ncol=1)
for(i in 1: nrow(a)) {
max.regret [i,] <-max(regret [i,])
} #将各行最大值存入矩阵 max.regret
cat(" 最小最大后悔值决策准则的决策:")
rownames(a) [which.min(max.regret) ]
}
```

程序调用

```
a<-matrix(0, nrow=3, ncol=3)
a [1,] <-c(30, 23, -15)
a [2,] <-c(25, 20, 0)
a [3,] <-c(12, 12, 12)
colnames(a) <-c(" 销路好"," 销路一般"," 销路差")
rownames(a) <-c(" 大批量生产 d1"," 中批量生产 d2"," 小批量生产 d3")
d1(a)
d2(a)
d3(a)
d4(a)
```

程序调用结果如图 9-1 所示。

图 9-1　不同决策准则的调用结果

由调用结果来看，如果采用悲观决策准则，最优选择是小批量生产；如果采用乐观决策准则，最优选择是大批量生产；如果采用赫威斯决策准则，最优选择是中批量生产；如果采用最小最大后悔值决策准则，最优选择是中批量生产。

9.5　实验小结

通过本实验，我们理解了不确定性环境下悲观准则、乐观准则、赫威斯准则、最小最大后悔值决策准则的基本原理，具备了应用 R 脚本程序处理不确定型决策问题的软件应用能力。

9.6 练习实验

【实验 1】某公司计划生产某种产品。根据前期市场调研结果认为，产品销量可能有五种情况，即销路很好、销路好、一般、销路差、销路很差。根据公司的现有生产能力，生产该种产品有四种方案扩建、技改、新建、租赁。各方案在不同情况下的收益如表 9-3 所示。

表 9-3　不同方案下收益矩阵

可行方案	自然状态（市场销路）				
	销路很好	销路好	一般	销路差	销路很差
扩建 A_1	360	300	220	-5	-40
技改 A_2	430	370	190	-40	-90
新建 A_3	280	200	170	70	-8
租赁 A_4	195	130	90	-30	-80

【实验 2】某农村承包集团决定在自己承包的耕地范围内进行新耕作方式的试点，以提高某种农作物的产量。可供选择的方案有以下四种，即施用新化肥、采用 S 型农机、采用新品种、安装温棚。由于资金所限，只能实施以上四种方式中的一种。由于在耕地范围内有黄、红、黑三种不同的土壤，初步估计出每种耕作方式对于不同土壤的收益值，如表 9-4 所示。试以乐观准则、悲观准则、最小最大后悔值决策准则给出决策结果。

表 9-4　不同耕作方式的收益矩阵

可行方案	黄土	红土	黑土
新化肥	105	60	92
S 型农机	55	80	120
新品种	70	80	100
温棚	80	65	130

【实验 3】某机械厂准备对生产的某种机器是否明年改型以及怎样改型做出决策，有三个方案可供选择，即机芯、机壳同时改型，机芯改型、机壳不改型，机壳改型、机芯不改型。改型后的机器可能遇到三种状态，即高需求、中需求、低需求，其费用损失矩阵如表 9-5 所示，试问以乐观准则、悲观准则、最小最大后悔值决策准则该如何给出决策？

表 9-5　费用损失

可行方案	高需求	中需求	低需求
机芯、机壳同时改型 A_1	0.0	16.5	21.5
机芯改型、机壳不改型 A_2	22.5	0.0	13.5
机壳改型、机芯不改型 A_3	27.5	17.5	0.0

第 10 章　风险型决策方法

10.1　实验目的

（1）掌握风险型决策的基本原理。

（2）介绍风险型决策的软件实现。

10.2　实验原理

10.2.1　风险型决策的基本问题

根据预测各种事件可能发生的先验概率，然后采用期望效果最好的方案作为最优决策方案，这称为风险型决策方案。所谓先验概率是根据过去经验或主观判断而形成的对各自然状态下风险程度的测算值。风险型决策经常运用损益矩阵。

10.2.2　决策损益矩阵

损益矩阵一般由三个部分构成：

（1）可行方案。可行方案是由各方面专家根据决策目标，综合考虑资源条件及实现的可能性，充分讨论形成的方案。

（2）自然状态及发生的概率。自然状态是指各种可行方案可能遇到的客观情况和状态，如气候变化、市场状态等。这些情况和状态来自系统的外部环境，一般决策者不能控制，因此称为自然状态。各种自然状态发生的概率有主观概率和客观概率之分。但不管属于哪一种概率，都符合以下公式：

$$\sum_{i=1}^{n} P_i = 1, \quad 0 \leqslant P_i \leqslant 1$$

（3）各种行动方案的能结果。它是根据不同可行方案在不同自然状态下，应用综合分析的方法计算出来的收益值或者损失值，这些损益值构成损益矩阵，如表 10-1 所示。

表 10-1 损益矩阵

可行方案 d_i（i=1, 2, …, m）	自然状态 θ_j（j=1, 2, …, n）			
	θ_1	θ_2	…	θ_n
	先验概率 P_j			
	P_1	P_2	…	P_n
	损益值 L_{ij}			
d_1	L_{11}	L_{12}	…	L_{1n}
d_2	L_{21}	L_{22}		L_{2n}
⋮	⋮	⋮	⋮	⋮
d_m	L_{m1}	L_{m2}	…	L_{mn}

10.2.3 不同标准的决策方法

对于风险型决策，实践中常用的方法有以期望值为准的决策方法、以等概率为准的决策方法、以最大可能性为准的决策方法。

统计决策的目标在于自然状态不确定的情形下运用数量方法给出最优决策。最优决策有不同的标准，可以以最大期望值为标准。

对于某一确定方案，计算其期望值：

$$E(d_i) = \sum_{j=1}^{m} x_{ij} P(\theta_j) \tag{10-1}$$

其中，$E(d_i)$ 表示第 i 个方案的期望值；x_{ij} 表示采取第 i 个方案在第 j 种状态时的损益值；P（θ_j）表示第 j 种状态发生的概率。

特别地，在各自然状态等概率发生情形下，以最大损益期望值的方案作为最优决策准则，即等概率决策准则。损益期望值为：

$$E(d_i) = \frac{1}{m} \sum_{j=1}^{m} x_{ij} \tag{10-2}$$

需要指出的是，如果计算的结果都是损失值，则期望损失值最小的方案才是最优决策方案。

在做最优决策时，有时需要考虑自然状态发生的最大可能性，而不是考虑损益的结果。

10.2.4 决策树

10.2.4.1 决策树分析法

利用决策树形图进行决策分析的方法被称为决策树分析法。当决策涉及多种方案选择时，决策树形图可以形象地将各种可供选择的方案、可能出现的状态及其概率、各方案在不同状态的条件结果简明地绘制在一张图上，便于讨论研究。决策树的优点在于系统地、连贯地考虑各方案之间的联系，整个决策分析过程直观易懂、清晰明了。

决策树又称决策图，是以方框、圆圈及节点并由直线连接而形成的像树枝形状的结构图，如图 10-1 所示。

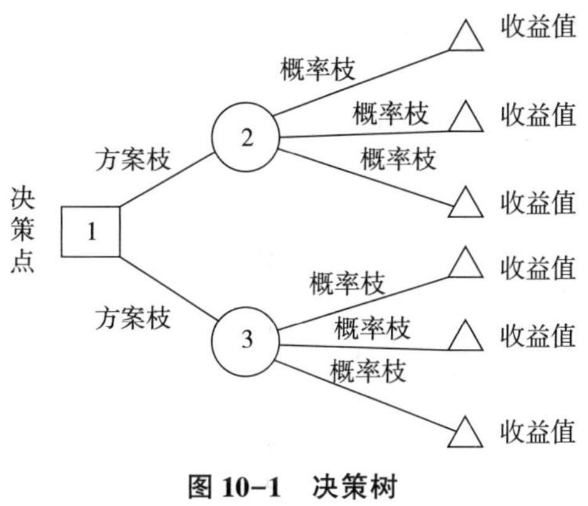

图 10-1　决策树

10. 2. 4. 2　决策树所用图解符号及结构

（1）决策点。它是以方框表示的节点。一般决策点位于决策树的最左端，即决策树的起点位置，如果所做的决策属于多阶段决策，则决策树中间可以有多个决策点方框，以决策树根部的决策点为最终决策方案。

（2）方案枝。它是由决策点自左向右画出的若干条直线，每条直线表示一个备选方案。方案枝表示解决问题的方案。

（3）状态节点。在每个方案枝的末端画上“○”，并注上代号，这被称为状态节点。状态节点是决策分支的终点。其也表示一个备选方案可能遇到的自然状态的起点。其上方的数字表示该方案的期望损益值。

（4）概率枝。从状态节点引出的若干条直线为概率枝。每条直线代表一种自然状态及其可能出现的概率（每条分枝上面注明自然状态及其概率）。

（5）结果点。它是画在概率枝末端的一个三角节点。在结果点处列出不同的方案在不同的自然状态及其概率条件下的收益值或者损益值。

10. 2. 4. 3　决策树分析步骤

（1）根据实际决策问题，以初始决策点为树根出发，从左至右分别选择决策点、方案枝、状态节点、概率枝等并画出决策树。

（2）从右至左逐步计算各个状态节点的期望收益值或期望损失值，并将其数值标在各点上方。

（3）在决策点将各状态节点上的期望值加以比较，选取期望收益值最大的方案。对落选的“方案”要进行“剪枝”（画上“//”），最后留下效益最好的方案。

10. 3　实验数据

【案例 10-1】某公司成功试制一种新型广角镜头，准备出口试销。但公司面临一个决策难题，即镜头弧度要求非常高。公司除负责全部的生产过程外，可以考虑引进先进的检测设备。有三种方案，自制（自己生产检测设备）、租赁（租用先进设备）、合资（外商提供检测设备，公司按照销量支付一定利润）。假定广角镜头的市场销售可能出现三种状态，即畅销、中等、滞销。根据经验，出现三种状态的可能性分别为 0.2、0.7、0.1。按不同状态（销路）和行动方案的结果计算出来的损益如表 10-2 所示。

表 10-2 广角镜头经营决策损益

行动方案	自然状态及概率		
	畅销（0.2）	中等（0.7）	滞销（0.1）
自制	300	160	-50
租用	260	160	10
合资	296	176	-4

【案例 10-2】某公司主要生产录音机，其产品质量和数量都没有达到先进水平。现在该公司决定改革工艺，有两条途径选择，一是向国外购买专利，谈判成功的可能性为 0.8；二是自行研制，成功的可能性为 0.6。但是购买专利的费用比自行研制的费用要高出 10 万元。这两条途径只要有一条成功，生产规模就能选取两种方案，即增加 1 倍产量或者增加 2 倍产量。如果改革工艺失败，则只能维持原产量。根据市场对今后相当一段时期的预测，该公司录音机销量高的可能性为 0.3，销量中的可能性为 0.5，销量低的可能性为 0.2。公司已计算出各种情形下的收益值（见表 10-3）。请问公司是采取购买专利还是自行研制？

表 10-3 录音机生产经营决策损益

自然状态及概率	原工艺生产	购买专利成功（0.8）		自行研制成功（0.6）	
		增加 1 倍产量	增加 2 倍产量	增加 1 倍产量	增加 2 倍产量
销售高（0.3）	150	500	700	500	800
销售中（0.5）	10	250	400	100	300
销售低（0.2）	-100	0	-200	0	-200

10.4 实验过程

10.4.1 案例实验过程

对于案例 10-1 采用 R 软件编制期望值决策和等概率决策；案例 10-2 采用 Excel 的插件“treeplan”建立决策树并给出最优决策。

R 脚本程序。

```
#期望值决策
ex<-function(M){
E<-matrix(0,nrow=nrow(M),ncol=1)
for (i in 1:nrow(M)){
E[i]<-M[i,]%*%P
dd<-rownames(M)[which.max(E)]
}
dd
}
#等概率决策
dp<-function(M){
E<-matrix(0,nrow=nrow(M),ncol=1)
for (i in 1:nrow(M)){
E[i]<-(1/ncol(M))*sum(M[i,])
dd<-rownames(M)[which.max(E)]
}
dd
}
```

程序调用：

```
P<-c(0.2,0.7,0.1)
names(P)<-c("畅销","中等","滞销")
M<-matrix(0,nrow=3,ncol=3)
rownames(M)<-c("自制","租用","合资")
colnames(M)<-c("畅销","中等","滞销")
M[1,]<-c(300,160,-50)
M[2,]<-c(260,160,10)
M[3,]<-c(296,176,-4)
Ex(M)
dp(M)
```

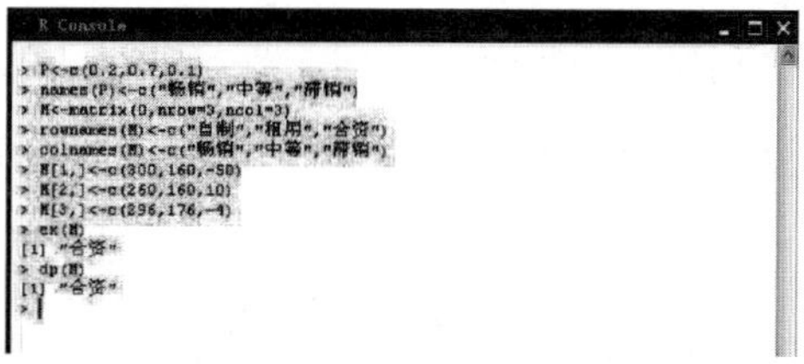

```
> P<-c(0.2,0.7,0.1)
> names(P)<-c("畅销","中等","滞销")
> M<-matrix(0,nrow=3,ncol=3)
> rownames(M)<-c("自制","租用","合资")
> colnames(M)<-c("畅销","中等","滞销")
> M[1,]<-c(300,160,-50)
> M[2,]<-c(260,160,10)
> M[3,]<-c(296,176,-4)
> ex(M)
[1] "合资"
> dp(M)
[1] "合资"
>
```

图 10-2　期望值决策和等概率决策

由图 10-2 可以看出，如果以期望值为准则，最优选择是合资；如果以等概率为决策准则，最优选择还是合资。

10.4.2　案例 10-2 实验过程

（1）treeplan 的安装。打开 Excel 单击“office”按钮→“Excel”选项→“加载项”→“转到”→“加载宏”对话框→单击“浏览”按钮→找到“treeplan. xla”文件→单击“确定”。在加载宏对话框内可以看到 Treeplan Decision Tree 宏了。

（2）决策树的构建。通过选择加载项决策树（或者按“Ctrl”+“T”）新建一个决策树。如果工作表没有决策树的话，会出现如图 10-3 所示的对话框。选择“New Tree”，就会出现一个决策树，如图 10-4 所示。

图 10-3　新建决策树对话框

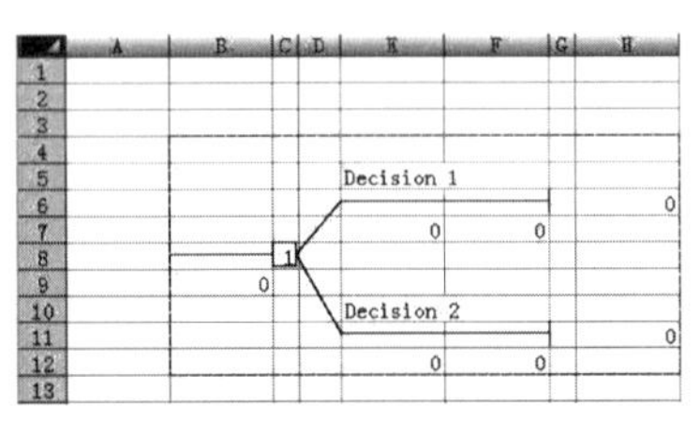

图 10-4　决策树

决策树将以选中的左上方的单元格为基准画一个默认的决策树。图 10-4 就是选中 B4 单元格画的决策树。

对默认决策树添加分支或修改分支和节点来制作决策树。如果修改分支或者概率，单击包含分支名称和概率的单元格，直接修改即可。如果添加分支和节点，则选择那个节点或者包含节点的单元格进行修改，同时单击“加载项”中的“决策树”或快捷键“Ctrl+T”，决策树出现如图 10-5 的对话框。

如果选择添加新的事件节点，选择“Change to event node”，选择分支数目，默认为 2，然后单击“OK”，在节点位置出现两个新的分支事件，如图 10-6 所示。

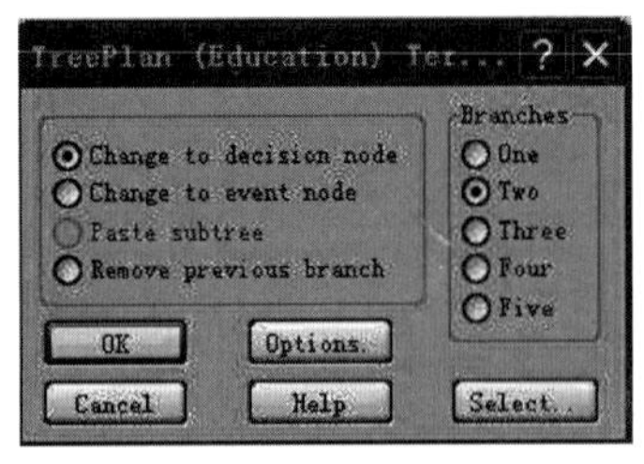

图 10-5　修复分支和节点对话框

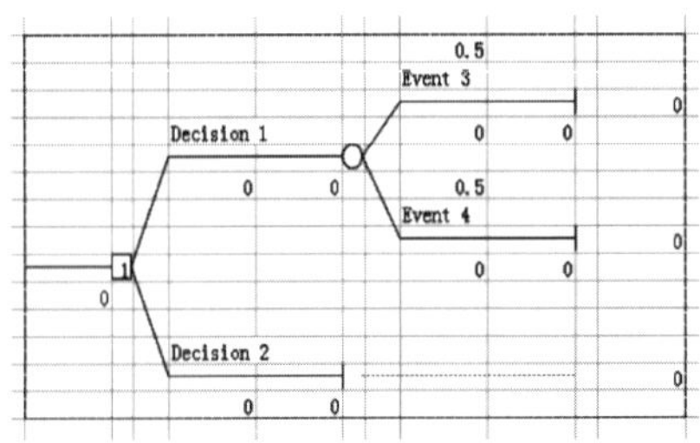

图 10-6　添加事件节点后的决策树

如果选择添加新的决策节点，选择“Change to decision node”，选择分支数目，默认为 2，然后单击“OK”，在节点位置出现两个新的分支决策，如图 10-7 所示。

当选择中间的事件节点或者决策节点时，并按“Ctrl+T”时，会出现如图 10-8 所示的对话框，如果想为此节点添加一个分支，选择“Add branch”，单击 OK；如果想在选择的节点前添加一个决策或者事件，选择“Insert decision”或者“Insert event”，单击“OK”。如果想得到命令按钮的介绍，单击“help”。如果想复制一个子树，单击要复制的子树的根节点，单击“Copy subtree”，这表示要复制选择的节点及节点后面所有的部分；如果想粘贴子树，选择要粘贴的节点，选择“Paste subtree”。

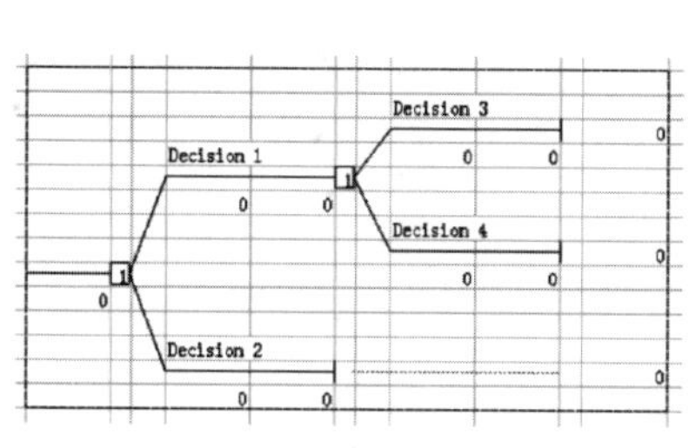

图 10-7　添加决策节点后的决策树

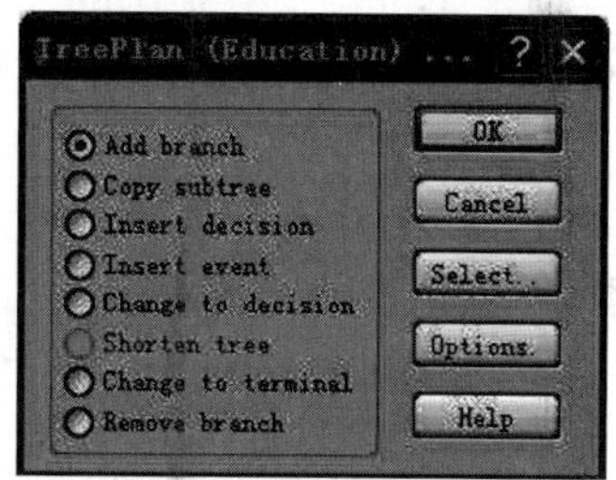

图 10-8

由于决策树是 Excel 中直接做的，可以用 Excel 的功能修改决策树格式。

10.5　实验小结

通过本实验，了解了风险性决策的基本原理，运用 R 软件编写了期望值决策准则和等概率决策准则。应用“Treeplan”构建决策树并进行决策分析。

10.6　练习实验

【实验 1】生产光盘的某企业的损益值如表 10-4 所示。

表 10-4　生产光盘某企业的损益值

行动方案	自然状态及概率		
	需求高 θ_1	需求中 θ_2	需求低 θ_3
扩建原厂 d_1	100	80	-20
建设新厂 d_2	140	50	-40
转包外厂 d_3	60	30	10

要求：假设 $P(\theta_1)=0.3$，$P(\theta_2)=0.5$，$P(\theta_3)=0.2$，请以期望值为标准，试构建决策树选择决策方案；请以等概率为标准选择决策方案。

【实验 2】某市果品公司准备组织新年期间柑橘的市场供应，供应时间预计为 70 天，根据现行价格水平，假如每千克柑橘进货价格为 3 元，零售价格为 4 元，每千克的销售纯收益为 1 元。零售经营新鲜果品，一般进货和销售期为一周（7 天），如果超过一周没有售完，便会增加保管费用和腐烂损失，如果销售时间超过一周，平均每千克损失 0.5 元。

根据市场调查，柑橘销售量与当前其他水果的供应和销售情况有关。如果其他水果充分供应，柑橘日销售量将为 6000 千克；如果其他水果供应稍不足，柑橘日销售量将为 8000 千克；如果其他水果供应不足的情况进一步加剧，则会引起价格上升，则柑橘日销售量将达到 10000 千克。调查结果显示，在这期间，水果储存和进货状况使水果市场处于这样状态：前 5 周是其他水果价格上升，中间 3 周是其他水果供应不足，后 2 周是其他水果供应充分。现在需要提前 2 个月到外地订购柑橘，由货源地每周发货一次。根据以上情况，公司决定进货期为一周，并设计了 3 种进货方案：d_1 进货方案为每周进货 $10000\times7=70000$ 千克；d_2 进货方案为每周进货 $8000\times7=56000$ 千克；d_3 进货方案为每周进货 $6000\times7=42000$ 千克。在新年到来之前，公司将选择哪种进货方案。

第 11 章　贝叶斯决策技术

11.1　实验目的

（1）理解贝叶斯定理以及贝叶斯决策的基本原理。

（2）熟练掌握贝叶斯决策的基本步骤并结合软件分析贝叶斯决策案例。

（3）掌握信息价值的含义及计算方法，能够运用信息价值原理进行科学决策。

11.2　实验原理

11.2.1　贝叶斯决策概述

前面讨论的期望值决策法是根据各种事件可能发生的先验概率，采用期望值标准或最大可能性标准来选择最佳决策方案。这样的决策具有一定的风险性，因为先验概率是根据历史资料或主观判断所确定的概率，未经过试验证实。为了尽量减少这种风险，需要较准确地掌握和估计这些先验概率。这就需要首先通过科学实验、调查等方法获得准确的情报信息，其次运用贝叶斯公式对主观概率进行修正（修正后的概率称为后验概率），最后利用损失（或收益）期望值和后验概率做出最优决策，这就是贝叶斯决策。

在已具备先验概率的条件下，一个完整的贝叶斯决策过程需要经历以下步骤：

首先，收集补充资料，取得条件概率，包括历史概率和逻辑概率，对历史概率要加以检验，辨明是否适合计算后验概率；其次，用贝叶斯定理计算后验概率；最后，用后验概率计算期望值，进行决策分析。

利用贝叶斯决策方法，可以将先验的信息和补充的信息结合在一起进行分析与判断，从而提高决策的可靠性。同时，利用该方法，可以对信息的价值以及是否需要采集新的补充信息做出科学判断。

11.2.2　贝叶斯定理

贝叶斯定理实质上是对条件概率的陈述。为了求得后验概率，我们首先要了解条件概率的定义以及联合概率的定义。

设自然状态 θ 有 k 种，分别用 θ_1，θ_2，…，θ_k 表示，P（θ_i）（i=1，2，…，k）表示自然状态 θ_i 发生的先验概率，用 x 表示调查结果。θ_i 和 x 表示在一个样本空间 S 中的两个

事件，θ是在给定x下的条件概率，用$P(\theta_i \mid x)$表示，则有：

$$P(\theta_i|x)=\frac{P(\theta_i, x)}{P(x)} \tag{11-1}$$

两事件θ_i和x的乘法法则可由式（11-1）给出的条件概率定义直接得出：

联合概率：

$$P(x,\theta_i)=P(\theta_i)P(x|\theta_i) \tag{11-2}$$

为了求得式（11-1）的分母$P(x)$，已知$P(x)=P(\theta_1, x)$或$P(\theta_2, x)$或$P(\theta_k, x)$，既然联合事件θ_i，x是互斥的，那么：

$$P(x)=P(\theta_1,x)+P(\theta_2,x)+\cdots+P(\theta_k,x) \tag{11-3}$$

按照乘法法则表示联合概率$P(x, \theta_i)=P(\theta_i)P(x|\theta_i)$，则式（11-3）可以写成：

$$P(x)=P(\theta_i)P(x|\theta_1)+P(\theta_2)P(x|\theta_2)+\cdots+P(\theta_k)P(x|\theta_k) \tag{11-4}$$

则$P(x)=\sum P(\theta_i)P(x\mid\theta_i)$为边际概率。

现在，用式（11-2）给定的联合概率$P(x, \theta_i)$的表达式替代式（11-1）的分子，用式（11-4）给定的边际概率$P(x)$的表达式替代式（11-1）的分母，得到了贝叶斯定理的结果：

$$P(\theta_i\mid x)=\frac{P(\theta_i)P(x\mid\theta_i)}{\sum P(\theta_i)P(x\mid\theta_i)}$$

也就是说，通过调查或实验得到结果x，这样的结果包含有关于自然状态的信息，利用这些信息可对自然状态θ_i发生的概率重新认识并加以修正，修正后的概率为：

$$P(\theta_i\mid x)=\frac{P(\theta_i)P(x\mid\theta_i)}{\sum P(\theta_i)P(x\mid\theta_i)} \tag{11-5}$$

式（11-5）即为贝叶斯公式。

在应用贝叶斯决策理论时，要指定主观先验概率，贝叶斯定理则是修正这些指定概率的手段。在具体应用中，经验直觉、主观判断等都是以先验概率形式存在的，一旦收集到有关经验数据，就要进行修正。实践表明，贝叶斯定理的应用是合理且高效的。以下例子提供了应用贝叶斯这一重要定理的可能类型。

例如，某公司用一个“销售能力测试”来帮助公司选择销售人员。过去经验表明：在所有申请销售申请人员一职的申请者中，仅有65%的申请者在实际销售中“符合要求”，其余则“不符合要求”。“符合要求”的申请者在能力测试中有80%成绩合格，“不符合要求”的申请者中，在能力测试中及格的人数仅为30%。在这些信息的基础上，给定一申请者在能力考试中成绩合格，那么，他将是一个“符合要求”的销售员的概率是多少？

如果A_1代表一位“符合要求”的销售员，B代表通过考试。那么，给定一个申请者在能力考试中成绩及格，他将是一个“符合要求”的销售员的概率为：

$$\begin{aligned}P(A_1 \mid B) &= \frac{P(A_1)P(B\mid A_1)}{P(A_1)P(B\mid A_1)+P(A_2)P(B\mid A_2)}\\ &=\frac{0.65\times0.8}{0.65\times0.8+0.35\times0.30}\\ &=0.832\end{aligned}$$

因此，这个考试对于筛选申请者是有价值的。假定对销售人员一职来说，提出申请的申请者类型没有变化，从申请人中随机挑选一个人，他“符合要求”的概率是 65%；如果公司只接受通过考试的申请人，这个概率就提高到了 83.2%。

11.2.3　先验分析与预后验分析

自然状态的概率分布有先验概率与后验概率之分。与之相对应，决策分析也可分为先验分析和后验分析。先验分析是利用先验概率进行决策，而后验分析则是利用后验概率作为选择与判断合适方案的依据。在不少场合中，两种分析所得到的结论是不一致的。由于后验分析中不仅利用了先验信息，而且还利用了补充信息，因此，一般来说，只要补充信息是准确的，则后验分析的结论更为可靠。

预后验分析是后验概率决策分析中一种特殊形式的演算。其是指用一套概率对多种行动策略组合进行多次计算，并从中择优。预后验分析有两种形式：一是扩大型预后验分析，是一种反推决策树分析；二是常规型预后验分析，是一种正向分析，用表格形式进行。扩大型分析要解决的问题是，收集追加信息对决策者有多大的价值；常规型分析要解决的问题是，如果试验，应采取什么行动策略。这两种分析方法所得出的结论是一致的。在此通过以下实验过程利用决策树进行扩大型预后验分析。

11.3　实验数据

【案例】某公司研制一种新型儿童玩具，首要问题是研究这种新产品的销路。通过对市场分析，公司认为，当新产品销路好时，采用新产品可盈利 8 万元，如果生产老产品，公司可能亏损 4 万元。当新产品销路不好时，采用新产品就要亏损 3 万元，当不采用新产品时，可获利 10 万元。根据经验确定销路好的概率为 0.6，销路差的概率为 0.4。儿童玩具的损益值如表 11-1 所示。

表 11-1　儿童玩具的损益值

行动方案	销路好 Q_1（0.6）	销路差 Q_2（0.4）	期望值
采用新产品 d_1	8.0	-3.0	3.6
不采用新产品 d_2	-4.0	10.0	1.6

表 11-1 的数据为先验分析，可根据其中所列的期望值作为决策标准选择行动方案。根据过去市场调查的准确程度，公司的市场研究人员知道市场调查不可能是完全准确的，但一般能估计出调查的准确程度。表 11-2 列出了获得与真实状态相应的调查结果的主观条件概率。

表 11-2　调查结果的条件概率 $P(Z_i \mid Q_j)$

条件概率	Z_1（销路好）	Z_2（销路差）	Z_3（不确定）
销路好 Q_1	0.80	0.10	0.10
销路差 Q_2	0.10	0.75	0.15

计算出联合概率和点概率，并修正先验概率，如表 11-3、表 11-4 所示。

表 11-3 联合概率和全概率

调查结果	Z_1	Z_2	Z_3	$P(Q_i)$
$P(Q_1)P(Z_j \mid Q_1)$	0.8×0.6=0.48	0.1×0.6=0.06	0.1×0.6=0.06	0.60
$P(Q_2)P(Z_j \mid Q_2)$	0.1×0.4=0.04	0.75×0.4=0.30	0.15×0.4=0.06	0.40
$P(Z_j)$	0.52	0.36	0.12	1.00

表 11-4 修正先验概率

调查结果	Z_1	Z_2	Z_3
$P(Q_1 \mid Z_j)$	$\frac{0.48}{0.52}=0.923$	$\frac{0.06}{0.36}=0.167$	$\frac{0.06}{0.12}=0.500$
$P(Q_2 \mid Z_j)$	$\frac{0.04}{0.52}=0.077$	$\frac{0.30}{0.36}=0.833$	$\frac{0.06}{0.12}=0.500$

11.4 实验过程

首先决定是否需要进行市场调查获取补充资料，这就需要考虑补充信息的价值问题。对于本案例，第一步要做出的决策是直接用先验信息进行决策还是经过调查之后再进行决策；第二步是调查结果有多种可能（可能是好、差、不确定），然后根据调查结果来考虑是选择采用新产品还是老产品。

以构建先验分析决策分支为例说明。选择“加载项”决策树（或者按“Ctrl”+“T”）新建一个决策树，如图 11-1 所示，单击“D2”单元格，将“Decision 1”改为“先验分析”，单击“D7”单元格，将“Decision 2”改为“调查分析”。单击决策节点“F3”单元格，按“Ctrl”+“T”，出现如图 11-2 所示的对话框，添加决策分支，默认二分支决策，点击“OK”，结果如图 11-3 所示。将 H2 单元格“Decision 3”改为“采用新产品”，将 H7 单元格“Decision 4”改为“不采用新产品”。单击状态节点“J3”单元格，按“Ctrl”+“T”，出现如图 11-4 所示的对话框，添加状态分支，默认二分支状态，点击“OK”。对于采用新产品决策分支，将 L2 单元格“Event 5”改为“销路好”，将 L7 单元格“Event 6”改为“销路差”，将 L1 单元格“0.5”改为“0.6”，将 L6 单元格“0.5”改为“0.4”。对于不采用新产品决策分支，将 L12 单元格“Eevent 7”改为“销路好”，将 L17 单元格“Event 8”改为“销路差”，将 L11 单元格“0.5”改为“0.6”，将 L16 单元格“0.5”改为“0.4”。先验分析决策分支构建完毕，如图11-5所示。类似地，可以构建调查分析的决策分支。

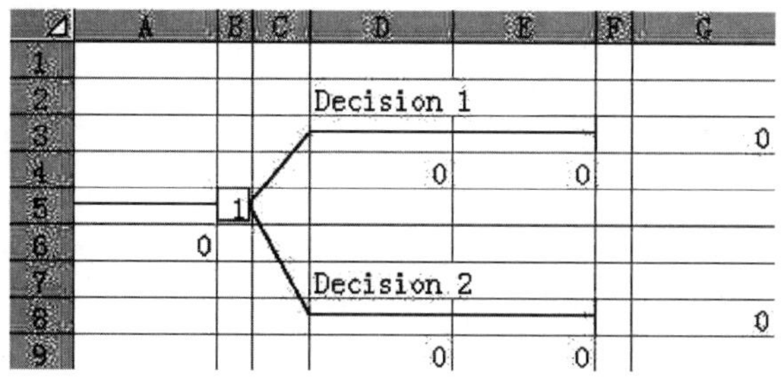

图 11-1　新建决策树

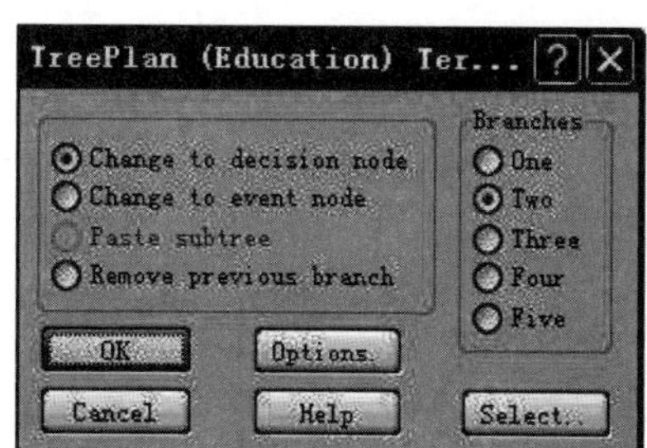

图 11-2　添加本案例决策分支对话框

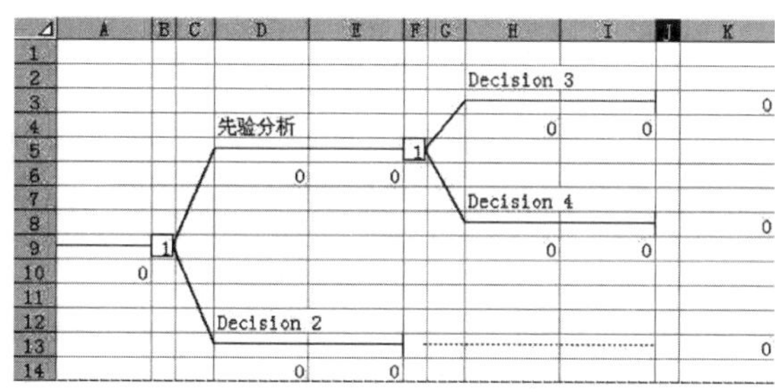

图 11-3　添加决策节点后的决策树

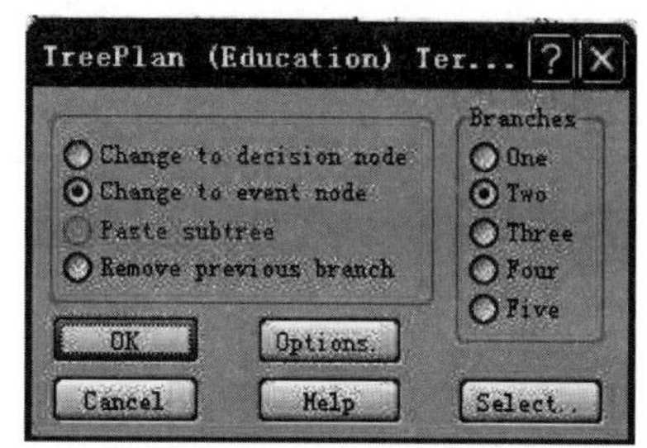

图 11-4　添加本案例状态分支对话框

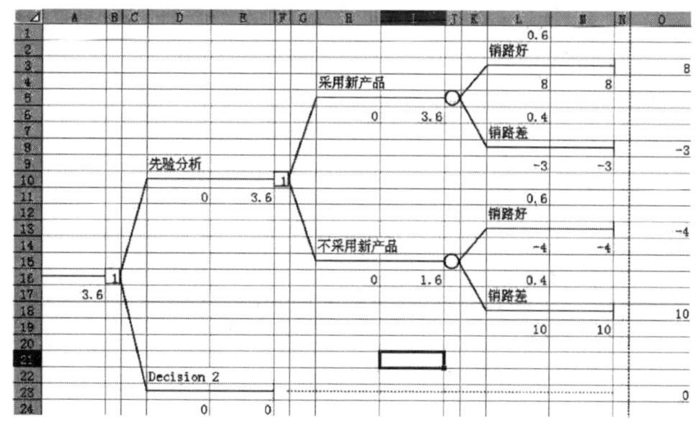

图 11-5　本案例先验分析决策树

（1）调查结果为销路好、销路差、不确定，概率分别是 0. 52、0. 36、0. 12。当调查结果为销路好时，应选择新产品；当调查结果为销路差或不确定时，应选择老产品。

（2）只利用先验概率进行分析，得到的决策是采用新产品，其期望收益值为 3. 6 万元。若先进行调查再做决策得到的期望收益值为：

0. 52×7. 153+0. 36×7. 66+0. 12×3. 00＝6. 84（万元）

两者之差为 6. 84－3. 6＝3. 24（万元），即补充信息的价值为 3. 24 万元，称为信息价值。如果调查费用小于 3. 24 万元，值得去收集情报信息，如果超过 3. 24 万元，就要选择最优的先验策略。

11.5 实验小结

通过本实验，理解贝叶斯定理，了解联合概率和边际概率的计算以及贝叶斯决策原理；掌握贝叶斯决策的基本步骤；计算信息价值进而考虑最优方案的决策；应用"treeplan"构建决策树并进行贝叶斯决策案例分析。

11.6 练习实验

【实验1】某公司计划向市场投放一种新产品，该公司的市场销售副总经理特别关心该新产品与其他公司相关产品的竞争优势。他估计该新产品占优势的概率是0.7。于是他安排了一次市场调查，以证明其新产品比它的竞争产品更为优秀。假定市场调查的可靠性如下，若该产品确实优秀，调查将表明"优秀"的概率是0.8；如果该产品比它的竞争产品差，调查将表明"优秀"的概率是0.3。市场调查完成后，这个副总经理赋予"新产品比它的竞争产品优秀"这一事件的修正概率是多少？

【实验2】某建筑公司考虑安排一项工程的开工计划。假定影响工期的唯一因素是天气情况。如果能安排开工并按期完工，可获利润5万元；如果开工后遇天气不好而拖延工期，则将亏损1万元。根据气象资料，估计最近安排开工后天气晴朗的可能性是0.20，开工后天气阴雨的可能性是0.80，如果最近不安排开工，则推迟开工损失费为1000元。该建筑公司的目标是获得最多的利润。这个问题的有关数据如表11-5所示。

表11-5 工程项目开工安排损益情况

行动方案	销路好 $P_1=0.2$	销路差 $P_2=0.8$	期望值（元）
开工 d_1	50000	-10000	2000
不开工 d_2	-1000	-1000	-1000

若按期望值标准计算，开工 d_1 应为最佳方案。但为了进一步分析，该建筑公司还可以从气象咨询事务所购买气象情报，这项情报索价1000元。过去的资料表明，该事务所在天气好时预报天气好的可能性为0.7，在天气坏时预报天气坏的可能性是0.8。试通过决策分析来确定这项气象情报是否值得购买。

第 12 章 多目标决策方法

12.1 实验目的

（1）掌握利用层次分析法进行多目标决策的基本原理。

（2）能够对层次分析法应用 R 软件进行辅助计算。

12.2 实验原理

12.2.1 多目标决策概述

系统方案的选择取决于多个目标的满足程度，这类决策问题称为多目标决策；反之，若系统方案的选择仅取决于单个目标，这类问题称为单目标决策。以企业目标决策为例，企业不仅追求经济目标如利润，还追求非经济目标，即要承担一定的社会责任，如保护生态环境或者解决当地人员就业等，这是典型的多目标决策问题。

多目标决策具有两个明显的特点：①目标之间的不可公度性，即各目标没有统一的衡量标准和计量单位，因而难以进行比较；②目标之间的矛盾性，某一目标的改善往往会损害其他目标的实现，如经济的开发往往对环境造成破坏。

多目标决策方法包括层次分析法、多属性效用决策法、优劣系数法和模糊决策法。这里重点讨论层次分析法。

12.2.2 层次分析法

层次分析法的基本思想是把复杂问题分解为若干层次，在最低层次通过两两对比得出各因素的权重，通过由低到高的层次分析计算，最后计算出各方案对总目标的权数，权数最大的方案即为最优方案。层次分析步骤如下：

12.2.2.1 建立递阶层次结构

把问题条理化、层次化、构造一个层次结构模型，使得复杂问题被分解为因素的组成部分。这些因素按其属性及关系形成若干层次，一般分三类：顶层，也称目标层，它是决策的预定目标和结果；中间层，也称准则层，它是为实现决策目标所涉及的中间环节；最低层，也称方案层，它包括为实现决策目标提供选择的方案及措施，层次模型如图 12-1 所示。

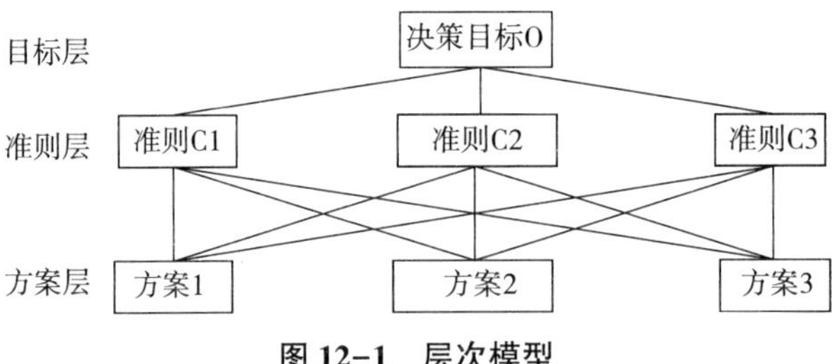

图 12-1　层次模型

12.2.2.2　建立两两比较的判断矩阵

判断矩阵是层次分析的核心。设 W_i 表示反映第 i 个方案对于某个低层目标的优越性或某层第 i 个目标对上层某一目标的重要性权重，以每两个方案（或子目标）的相对重要性为元素的矩阵：

$$\begin{pmatrix} \frac{W_1}{W_1} & \frac{W_1}{W_2} & \cdots & \frac{W_1}{W_n} \\ \frac{W_2}{W_1} & \frac{W_2}{W_2} & \cdots & \frac{W_2}{W_n} \\ \vdots & \vdots & \vdots & \vdots \\ \frac{W_n}{W_1} & \frac{W_n}{W_2} & \cdots & \frac{W_n}{W_n} \end{pmatrix}$$

该矩阵被称为判断矩阵。令 $a_{ij}=\frac{W_i}{W_j}$，则 a_{ij} 具有如下性质：

$$a_{ii}=1$$

$$a_{ij}=\frac{1}{a_{ji}}$$

故称判断矩阵为正互反矩阵。此外，判断矩阵还满足：

$$a_{ij}=a_{ik}\times a_{kj}$$

该性质称为一致性。矩阵中元素 a_{ij} 的确定如表 12-1 所示。

表 12-1　方案重要性的判断

方案 i 对方案 j 的重要性	相同	稍强	强	很强	绝对强
a_{ij}	1	3	5	7	9

12.2.2.3　层次单排序及其一致性检验

对应于判断矩阵 A 最大特征根 λ_{max} 的特征向量，经归一化后记为 W，W 的元素为同一层次相应目标对于上一层目标相对重要性的排序权值，这个过程称为层次单排序。关于特征根和特征向量的求法：

设判断矩阵为：

$$\begin{pmatrix} a_{11} & a_{12} & \cdots & a_{1n} \\ a_{21} & a_{22} & \cdots & a_{2n} \\ \vdots & \vdots & \vdots & \vdots \\ a_{n1} & a_{n2} & \cdots & a_{nn} \end{pmatrix}$$

将判断矩阵每一列归一化：

$$\overline{a_{ij}} = \frac{a_{ij}}{\sum_{k=1}^{n} a_{ij}},\ i,\ j = 1,\ 2,\ \cdots,\ n \tag{12-1}$$

将每一列经归一化后的矩阵按行相加：

$$M_i = \sum_{j=1}^{n} \overline{\alpha_{ij}} \tag{12-2}$$

将向量 $M = (M_1,\ M_2,\ \cdots,\ M_n)^T$ 归一化：

$$W_i = \frac{M_i}{\sum_{i=1}^{n} M_i},\ i = 1,\ 2,\ \cdots,\ n \tag{12-3}$$

所得列向量 $W = (W_1,\ W_2,\ \cdots,\ W_n)$ T 即为特征向量。

最后，求解判断矩阵的最大特征根：

$$\lambda_{\max} = \frac{1}{n} \sum_{i=1}^{n} \frac{(AW)_i}{W_i} \tag{12-4}$$

式中，$(AW)_i$ 表示列向量（AW）的第 i 个元素。

12.2.2.4　一致性检验

一致性指标：

$$CI = \frac{\lambda_{\max} - n}{n - 1}$$

检验系数：

$$CR = \frac{CI}{RI} \tag{12-5}$$

其中，RI 是评价一致性指标，可通过表 12-2 获得。一般来说，当 $CR < 0.1$ 时，认为判断矩阵满足一致性；否则，需要重新调整判断矩阵。

表 12-2　一致性指标 RI 的数值

阶数	3	4	5	6	7	8	9
RI	0.58	0.90	1.12	1.24	1.32	1.41	1.45

12.3　实验数据

【案例】某企业在进行企业目标决策时，确定企业目标分为两类，即经济目标和非经济目标。并具体将其目标分为目标 C1、目标 C2、目标 C3、目标 C4。并制定了三项具体政策方案。企业的目标层次结构如图 12-2 所示。各层的判断矩阵如下所示，现在从中选择一种方案加以实施。

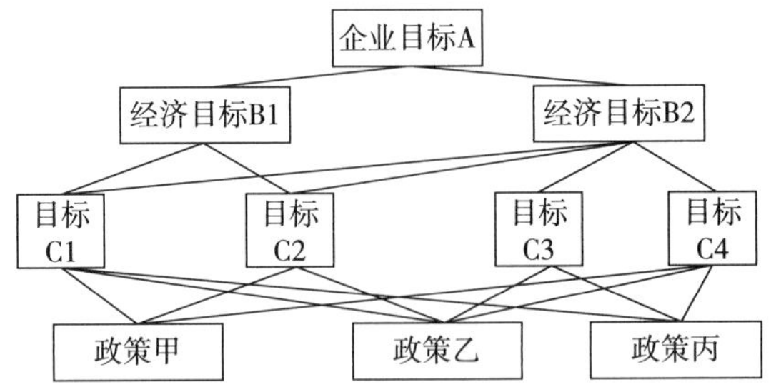

图 12-2 企业目标的层次结构

第一层判断矩阵：

A	B1	B2
B1	1	2
B2	1/2	1

中间层判断矩阵：

B 1	C 1	C 2	C 3
C 1	1	1/4	2
C 2	4	1	3
C 3	1/2	1/3	1

B2	C1	C2	C3	C4
C1	1	2	2	3
C2	1	1	5	2
C3	1/2	1/5	1	2
C4	1/3	1/2	1/2	1

最低层判断矩阵：

C1	甲	乙	丙
甲	1	2	3
乙	1/2	1	2
丙	1/3	1/2	1

C2	甲	乙	丙
甲	1	2	3
乙	1/2	1	2

丙	1/3	1/2	1

C3	甲	乙	丙
甲	1	1	1/4
乙	1	1	1/3
丙	4	3	1

C4	甲	乙	丙
甲	1	1/5	1/2
乙	5	1	3
丙	2	1/3	1

12.4　实验过程

求权重向量及一致性检验的 R 脚本程序。

```
cengfen<-function(a,ri){
#构造正规矩阵 ap
ap<-matrix(0,nrow=nrow(a),ncol=ncol(a))
az1<-numeric(ncol(a))
for(j in 1:ncol(a)){
az1[j]<-sum(a[,j])#按列相加
ap[,j]<-a[,j]/az1[j]#正规化每一列存入 ap
}
cat("正规矩阵 ap:",'\n','\n',ap,'\n','\n')
w1<-numeric(nrow(ap))
w<-numeric(nrow(ap))
for(i in 1:nrow(ap)){
w1[i]<-sum(ap[i,])
}
w<-w1/sum(w1)#特征向量
cat("特征向量:",'\n','\n',w,'\n','\n')
aw<-a%*%w
lamda<-sum(aw/(nrow(a)*w))
cat("最大特征根:",'\n','\n',lamda,'\n','\n')
ci<-(lamda-nrow(a))/(nrow(a)-1)
cat("一致性指标:",'\n','\n',ci,'\n','\n')
```

```
cr<-ci/ri
cat("检验系数 cr 值:",'\n','\n',cr,'\n','\n')
if(cr<0.1){
cat("判断矩阵具有满意的一致性",'\n','\n')
}
else{
  cat("调整判断矩阵",'\n','\n')
}
}
```

程序调用。由第一层 B 对 A 的判断矩阵：

```
a<-matrix(0, nrow = 2, ncol=2)
a[,1]<-c(1,1/2)
a[,2]<-c(2,1)
cengfen(a,0.58)
```

程序调用结果如图 12-3 所示。

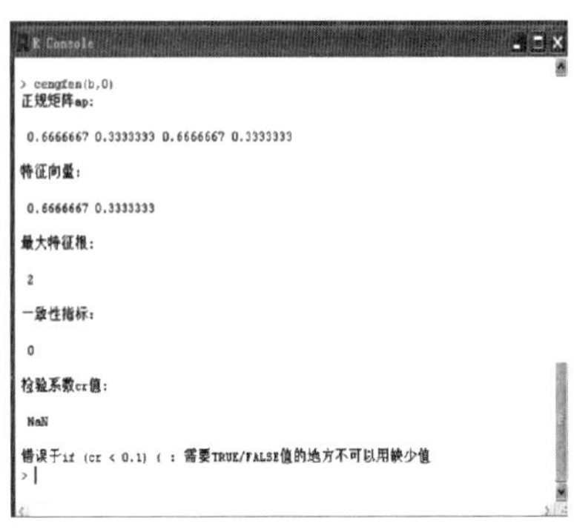

图 12-3　第一层判断矩阵 B 对 A 的权重向量

由图 12-3 可以看出，经济目标 B1 和非经济目标 B2 对总目标 A 的权重向量为：

$$W^{(0)} = [0.6667\ 0.3333]$$

二阶矩阵不需要做一致性检验。由 C1、C2、C3 对 B1 重要性的判断矩阵，有：

```
a<-matrix(0,nrow=3,ncol=3)
a[,1]<-c(1,4,1/2)
a[,2]<-c(1/4,1,1/3)
a[,3]<-c(2,3,1)
cengfen(a,0.58)
```

程序调用结果如图 12-4 所示。C1、C2、C3 对 B1 重要性的权重向量为：

$$WB1 = [0.2243\quad 0.6196\quad 0.1560]$$

由 C1、C2、C3、C4 对 B2 重要性的判断矩阵，有：

```
a<-matrix(0,nrow=4,ncol=4)
```

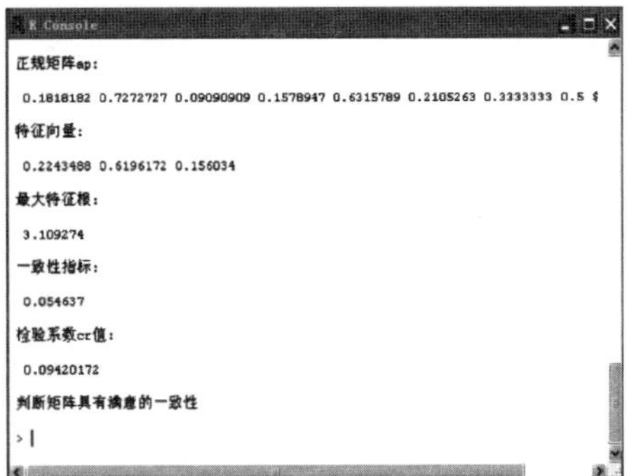

图 12-4　C1、C2、C3 对 B1 重要性的权重向量及一致性检验

```
a[,1]<-c(1,1,1/2,1/3)
a[,2]<-c(2,1,1/5,1/2)
a[,3]<-c(2,5,1,1/2)
a[,4]<-c(3,2,2,1)
cengfen(a,0.9)
```

程序调用结果如图 12-5 所示。

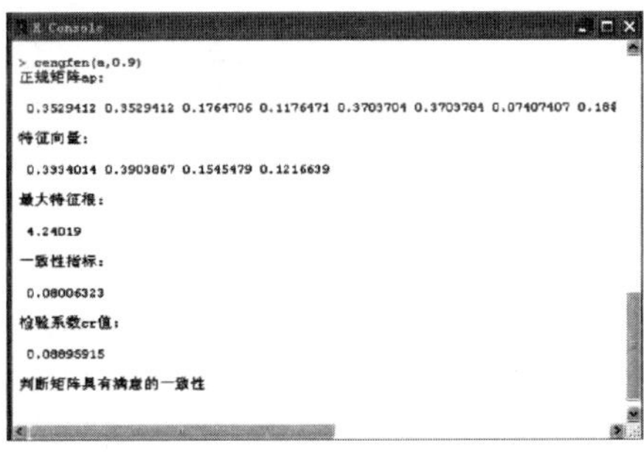

图 12-5　C1、C2、C3、C4 对 B2 重要性的权重向量及一致性检验

C1、C2、C3、C4 对 B1 重要性的权重向量为：

$$WB2 = [0.3334 \quad 0.3904 \quad 0.1545 \quad 0.1217]$$

由甲、乙、丙对 C1 的判断矩阵，有：

```
a<-matrix(0,nrow=3,ncol=3)
a[,1]<-c(1,1/2,1/3)
a[,2]<-c(2,1,1/2)
a[,3]<-c(3,2,1)
cengfen(a,0.58)
```

程序调用结果如图 12-6 所示。甲、乙、丙对 C1 重要性的权重向量为：

$$WC1 = [0.5390 \quad 0.2972 \quad 0.1638]$$

由甲、乙、丙对 C2 的判断矩阵，有：

```
a<-matrix(0,nrow=3,ncol=3)
a[,1]<-c(1,4,2)
```

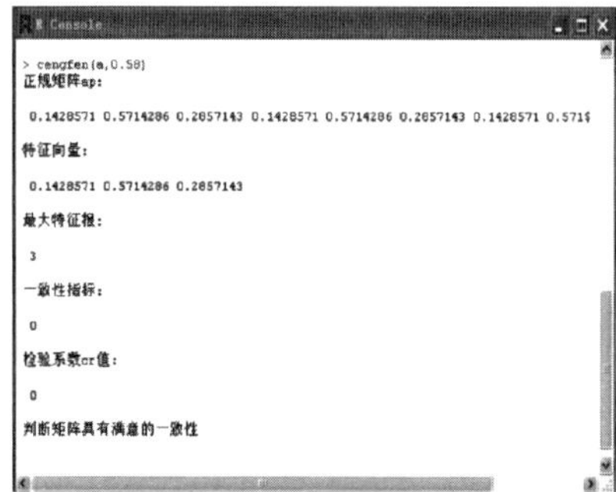

图 12-6　甲、乙、丙对 C1 的权重向量及一致性检验

```
a[ ,2]<-c(1/4,1,1/2)
a[ ,3]<-c(1/2,2,1)
cengfen(a,0.58)
```

程序调用结果如图 12-7 所示。

甲、乙、丙对 C2 重要性的权重向量为：

$$WC2 = (0.1429 \quad 0.5714 \quad 0.2857)$$

图 12-7　甲、乙、丙对 C2 的权重向量及一致性检验

由甲、乙、丙对 C3 的判断矩阵，有：

```
a<-matrix(0,nrow=3,ncol=3)
a[ ,1]<-c(1,1,4)
a[ ,2]<-c(1,1,3)
a[ ,3]<-c(1/4,1/3,1)
cengfen(a,0.58)
```

程序调用结果如图 12-8 所示。

甲、乙、丙对 C3 重要性的权重向量为：

$$WC3 = (0.1749 \quad 0.1924 \quad 0.6327)$$

由甲、乙、丙对 C4 的判断矩阵，有：

```
a<-matrix(0,nrow=3,ncol=3)
a[ ,1]<-c(1,5,2)
a[ ,2]<-c(1/5,1,1/3)
```

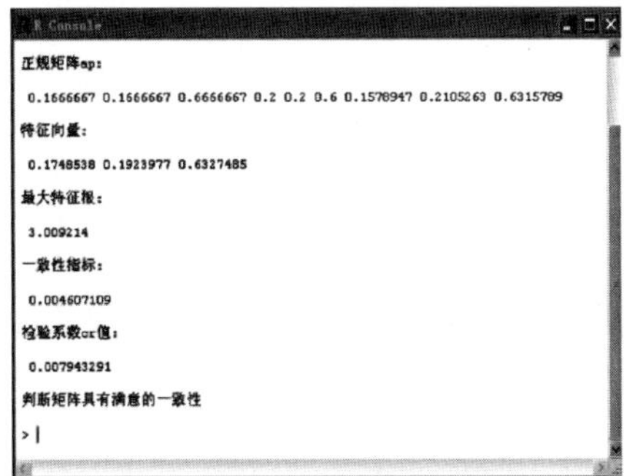

图 12-8 甲、乙、丙对 C4 的权重向量及一致性检验

```
a[ ,3]<-c(1/2,3,1)
cengfen(a,0.58)
```

程序调用结果如图 12-9 所示。

甲、乙、丙对 C4 重要性的权重向量为：

$$WC4 = [0.1222 \quad 0.6479 \quad 0.2299]$$

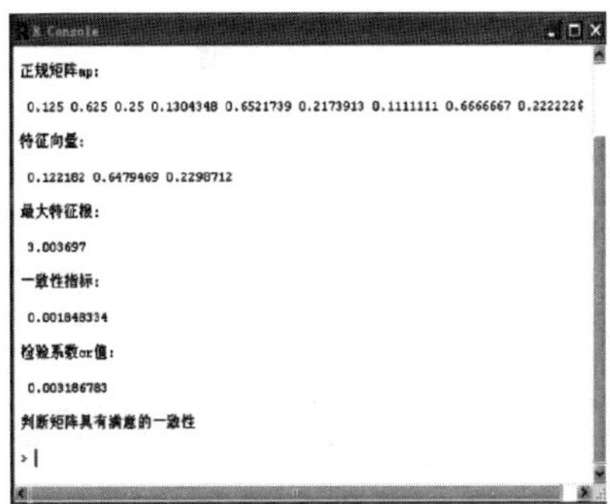

图 12-9 甲、乙、丙对 C4 的权重向量及一致性检验

各项政策关于企业目标的权重：

```
w0<-matrix(0,nrow=1,ncol=2)
w0[1,]<-c(0.6667,0.3333)

w1<-matrix(0,nrow=2,ncol=4)
w1[1,]<-c(0.2243,0.6196,0.1560,0)
w1[2,]<-c(0.3334,0.3904,0.1545,0.1217)

w2<-matrix(0,nrow=4,ncol=3)
w2[1,]<-c(0.5390,0.2972,0.1638)
w2[2,]<-c(0.1429,0.5714,0.2857)
w2[3,]<-c(0.1749,0.1924,0.6327)
w2[4,]<-c(0.1222,0.6479,0.2299)
```

w<-w0% * %w1% * %w2

程序调用结果如图 12-10 所示。

政策甲、乙、丙的权重向量为：

$$W=(0.2520 \quad 0.4440 \quad 0.3055)$$

```
R Console
> w0<-matrix(0, nrow = 1, ncol=2)
> w0[1,]<-c(0.6667,0.3333)
>
> w1<-matrix(0, nrow=2, ncol=4)
> w1[1,]<-c(0.2243,0.6196,0.1560,0)
> w1[2,]<-c(0.3334,0.3904,0.1545,0.1217)
>
> w2<-matrix(0, nrow=4, ncol=3)
> w2[1,]<-c(0.5390,0.2972,0.1638)
> w2[2,]<-c(0.1429,0.5714,0.2857)
> w2[3,]<-c(0.1744,0.1919,0.6337)
> w2[4,]<-c(0.1222,0.6480,0.2229)
>
> w<-w0%*%w1%*%w2
> w
          [,1]      [,2]      [,3]
[1,] 0.2501977 0.4439829 0.3054728
>
```

图 12-10　甲、乙、丙对企业目标的权重向量及一致性检验

政策乙的权重最大，因此选择政策乙为最优方案。

同理可以求得目标 C1、C2、C3、C4 的重要性权重。

程序调用结果如图 12-11 所示。

其权重向量为：

$$WC=[0.2607 \quad 0.5432 \quad 0.1555 \quad 0.0406]$$

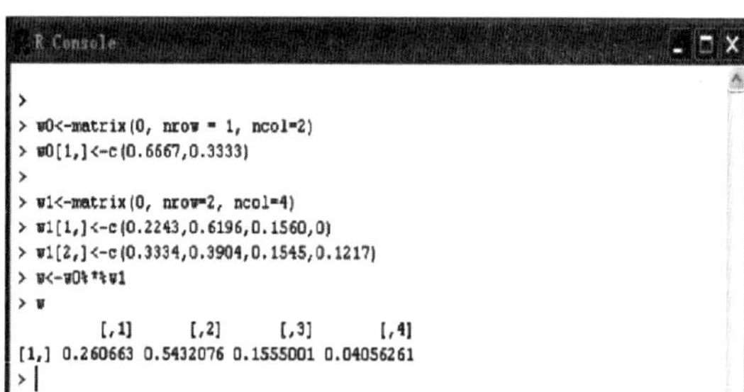

```
R Console
>
> w0<-matrix(0, nrow = 1, ncol=2)
> w0[1,]<-c(0.6667,0.3333)
>
> w1<-matrix(0, nrow=2, ncol=4)
> w1[1,]<-c(0.2243,0.6196,0.1560,0)
> w1[2,]<-c(0.3334,0.3904,0.1545,0.1217)
> w<-w0%*%w1
> w
         [,1]      [,2]      [,3]       [,4]
[1,] 0.260663 0.5432076 0.1555001 0.04056261
>
```

图 12-11　目标 C1、C2、C3、C4 的重要性权重

目标 C2 的权重最大，目标 C4 的权重最小，因此目标 C2 是应优先满足的目标。

12.5　实验小结

通过本实验，我们理解了层次分析法的基本原理及其基本步骤，并利用 R 软件编辑脚本程序，具备利用层次分析法解决多目标决策方法的能力。

12.6　练习实验

【实验 1】在家用轿车选购决策中，决策目标是最具性价比的家用轿车，这是顶层，性价比可以通过性能、价格、质量、外观、售后服务五大方面衡量，即五个判断准则。根据决策目标和判断准则，选择了三种品牌轿车作为最低层，即“方案层”，由此建立了三层次结构模型，如图 12-12 所示。

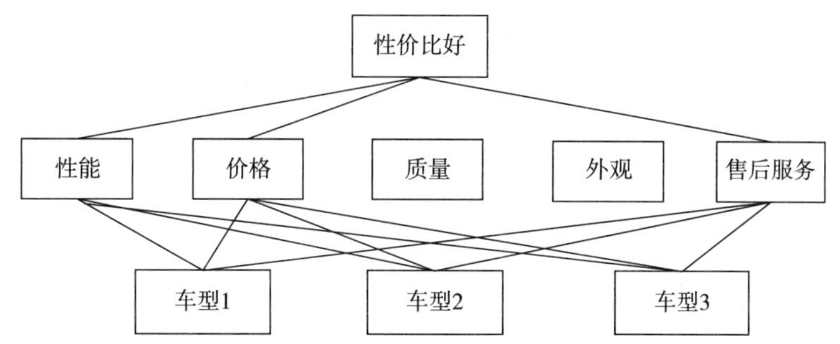

图 12-12　家用轿车选购层次结构

其判断准则对目标层的成对比较矩阵为：

$$\begin{pmatrix} 1 & 3 & 5 & 3 & 9 \\ 1/3 & 1 & 2 & 1 & 3 \\ 1/5 & 1/2 & 1 & 1/2 & 2 \\ 1/3 & 1 & 2 & 1 & 3 \\ 1/9 & 1/3 & 1/2 & 1/3 & 1 \end{pmatrix}$$

车型 1、车型 2、车型 3 对性能、价格、质量、外观、售后服务五大准则的 5 个成对比较矩阵为：

$$\begin{pmatrix} 1 & 1/5 & 1/7 \\ 5 & 1 & 1/3 \\ 7 & 3 & 1 \end{pmatrix} \quad \begin{pmatrix} 1 & 3 & 5 \\ 1/3 & 1 & 2 \\ 1/5 & 1/2 & 1 \end{pmatrix} \quad \begin{pmatrix} 1 & 1/2 & 1/7 \\ 2 & 1 & 1/3 \\ 7 & 3 & 1 \end{pmatrix} \quad \begin{pmatrix} 1 & 7 & 5 \\ 1/7 & 1 & 1/3 \\ 1/5 & 3 & 1 \end{pmatrix} \quad \begin{pmatrix} 1 & 3 & 6 \\ 1/3 & 1 & 2 \\ 1/6 & 1/2 & 1 \end{pmatrix}$$

请给出最优决策，选择哪一种品牌轿车。

【实验 2】某高校拟从三个候选人 X、Y、Z 中选一人担任中层领导，候选人的优劣用六个属性去衡量，分别是健康状况、业务知识、书面表达能力、口才、道德水平、工作作风。关于这六个属性的重要性有关部门给出了判断矩阵：

$$\begin{pmatrix} 1 & 1 & 1 & 1 & 4 & 1/2 \\ 1 & 1 & 2 & 4 & 1 & 1/2 \\ 1 & 1/2 & 1 & 5 & 3 & 1/2 \\ 1/4 & 1/4 & 1/5 & 1 & 1/3 & 1/3 \\ 1 & 1 & 1/3 & 3 & 1 & 1 \\ 2 & 2 & 2 & 3 & 1 & 1 \end{pmatrix}$$

三个候选人对健康状况的比较、对业务知识的比较、对书面表达能力的比较、对口才的比较、对道德水平的比较、对工作作风的比较判断矩阵依次为：

$$\begin{pmatrix} 1 & 1/4 & 1/2 \\ 4 & 1 & 3 \\ 2 & 1/3 & 1 \end{pmatrix} \quad \begin{pmatrix} 1 & 1/4 & 1/5 \\ 4 & 1 & 1/2 \\ 5 & 2 & 1 \end{pmatrix} \quad \begin{pmatrix} 1 & 3 & 1/3 \\ 1/3 & 1 & 1/5 \\ 3 & 5 & 1 \end{pmatrix}$$

$$\begin{pmatrix} 1 & 1/3 & 5 \\ 3 & 1 & 7 \\ 1/5 & 1/7 & 1 \end{pmatrix} \quad \begin{pmatrix} 1 & 1 & 7 \\ 1 & 1 & 7 \\ 1/7 & 1/7 & 1 \end{pmatrix} \quad \begin{pmatrix} 1 & 7 & 9 \\ 1/7 & 1 & 2 \\ 1/9 & 1/2 & 1 \end{pmatrix}$$

试问应该选哪个候选人担任中层领导？

参考文献

[1]胡光宇. 战略定量研究基础——预测与决策[M]. 北京:清华大学出版社,2010.

[2]邓聚龙. 灰预测与灰决策[M]. 武汉:华中科技大学出版社,2012.

[3]朱建平. 经济预测与决策[M]. 厦门:厦门大学出版社,2012.

[4]张建林. MATLAB & Excel 定量预测与决策[M]. 北京:电子工业出版社, 2012.

[5]赵秀恒. 不确定性系统理论及其在预测与决策中的应用[M]. 北京:冶金工业出版社,2010.

[6]党耀国. 灰色预测与决策模型研究[M]. 北京:科学出版社,2009.

[7]简明,胡玉立. 市场预测与管理决策[M]. 北京:中国人民大学出版社,2009.

[8]高百宁. 经济预测与决策[M]. 上海:上海财经大学出版社,2009.

[9]宁宣熙,刘思峰. 管理预测与决策方法[M]. 北京:科学出版社,2009.

[10]冯文权. 经济预测与决策技术[M]. 武汉:武汉大学出版社,2008.

[11]陈晓慧. 市场预测与决策[M]. 武汉:武汉理工大学出版社,2008.

[12]张桂喜. 经济预测、决策与对策[M]. 北京:首都经济贸易大学出版社,2003.

[13]易丹辉. 统计预测方法与应用[M]. 北京:中国统计出版社,2001.

[14]张卫星. 市场预测与决策[M]. 北京:北京工业大学出版社,2002.

[15]李工农,阮晓青,徐晨. 经济预测与决策及其 Matlab 实现[M]. 北京:清华大学出版社,2007.

[16]徐国祥. 统计预测与决策[M]. 上海:上海财经大学出版社,2012.

[17]张晓峒. 计量经济学软件 eviews 使用指南[M]. 天津:南开大学出版社,2003.

[18]李锋. 经济预测与决策实验教程[M]. 广州:华南理工大学出版社,2008.

[19]张文彤. SPSS 统计分析基础教程[M]. 北京:高等教育出版社,2012.

[20]张文彤. SPSS 统计分析高级教程[M]. 北京:高等教育出版社,2012.

[21]庞皓. 计量经济学[M]. 成都:西南财经大学出版社,2011.

[22]贾俊平,何晓群,金勇进. 统计学[M]. 北京:中国人民大学出版社,2008.

[23]柯莱蒙兹,韩德瑞,陆懋祖. 预测经济时间序列[M]. 北京:北京大学出版社,2008.

[24]王维国. 预测与决策[M]. 北京:中国财政经济出版社,2006.

[25]李峰. 经济预测与决策实验教程[M]. 广州:华南理工大学出版社,2008.

[26]刘兰娟. 经济管理中的计算机应用实验指导[M]. 北京:清华大学出版社,2008.